Kohlhammer

Fördern lernen – Intervention
Herausgegeben von
Stephan Ellinger

Band 5

Roland Stein

Förderung bei Ängstlichkeit und Angststörungen

Verlag W. Kohlhammer

Umschlag: Gestaltungskonzept Peter Horlacher
Umschlagmotiv: © Jose Manuel Gelpi – Fotolia.com
Gesamtherstellung:
W. Kohlhammer Druckerei GmbH + Co. KG, Stuttgart

ISBN 978-3-17-021978-6

Vorwort des Reihenherausgebers

Die Reihe *Fördern lernen* umfasst drei klare thematische Schwerpunkte. Es sollen erstens die wichtigsten *Förderkonzepte und Fördermaßnahmen* bei den am häufigsten vorkommenden Lern- und Verhaltensstörungen dargestellt werden. Zweitens gilt es, die wesentlichen Grundlagen pädagogischer Beratungsarbeit und die wichtigsten *Beratungskonzepte* zu diskutieren, und drittens sollen zentrale *Handlungsfelder pädagogischer Prävention* übersichtlich vermittelt werden. Dabei sind die Bücher dieser Reihe in erster Linie gut lesbar und unmittelbar in der Praxis einzusetzen.

Im *Schwerpunkt Intervention* informiert jeder einzelne Band (1–9) in seinem ersten Teil über den aktuellen Stand der Forschung und entfaltet theoriegeleitet Überlegungen zu Interventionen und Präventionen. Im zweiten Teil eines Bandes werden dann konkrete Maßnahmen und erprobte Förderprogramme vorgestellt und diskutiert. Grundlage für diese Empfehlungen sollen zum einen belastbare empirische Ergebnisse und zum anderen praktische Handlungsanweisungen für konkrete Bezüge (z. B. Unterricht, Freizeitbetreuung, Förderkurse) sein. Schwerpunkt des zweiten Teils sind also die Umsetzungsformen und Umsetzungsmöglichkeiten im jeweiligen pädagogischen Handlungsfeld.

Die Bände im *Schwerpunkt Beratung* (10–15) beinhalten im ersten Teil eine Darstellung des Beratungskonzeptes in klaren Begrifflichkeiten hinsichtlich der Grundannahmen und der zugrundeliegenden Vorstellungen vom Wesen eines Problems, den Fähigkeiten des Menschen usw. Im zweiten Teil werden die Methoden des Beratungsansatzes anhand eines oder mehrerer fiktiver Beratungsanlässe dargestellt und erläutert, so dass Lehrkräfte und außerschulisch arbeitende Pädagogen konkrete Umsetzungen vornehmen können.

Die Einzelbände im *Schwerpunkt Prävention* (16–21) wenden sich *allgemeinen Förderkonzepten und Präventionsmaßnahmen* zu und erläutern praktische Handlungshilfen, um Lernstörungen, Verhaltensstörungen und prekäre Lebenslagen vorbeugend zu verhindern.

Die Zielgruppe der Reihe *Fördern lernen* bilden in erster Linie Lehrkräfte und außerschulisch arbeitende Pädagogen, die sich entweder auf die Arbeit mit betroffenen Kindern vorbereiten oder aber schnell und umfassend gezielte Informationen zur effektiven Förderung oder Beratung von Betroffenen suchen. Die Buchreihe eignet sich auch für die pädagogische Ausbildung und als Zugang für Eltern, die sich nicht auf populärwissenschaftliches Halbwissen verlassen wollen.

Die Autorinnen und Autoren wünschen allen Leserinnen und Lesern ganz praktische *Aha*-Erlebnisse!

Stephan Ellinger

Einzelwerke in der Reihe *Fördern lernen*

Intervention
Band 1: Förderung bei sozialer Benachteiligung
Band 2: Förderung bei Lese-Rechtschreibschwäche
Band 3: Förderung bei Rechenschwäche
Band 4: Förderung bei Gewalt und Aggressivität
Band 5: Förderung bei Ängstlichkeit und Angststörungen
Band 6: Förderung bei ADS/ADHS
Band 7: Förderung bei Sucht und Abhängigkeiten
Band 8: Förderung bei kulturellen Differenzen
Band 9: Förderung bei Hochbegabung
Beratung
Band 10: Pädagogische Beratung
Band 11: Lösungsorientierte Beratung
Band 12: Kontradiktische Beratung
Band 13: Kooperative Beratung
Band 14: Systemische Beratung
Band 15: Personzentrierte Beratung
Prävention
Band 16: Berufliche Eingliederung
Band 17: Förderung der Motivation bei Lernstörungen
Band 18: Schulische Prävention im Bereich Lernen
Band 19: Schulische Prävention im Bereich Verhalten
Band 20: Resilienz
Band 21: Hilfen zur Erziehung

Inhalt

Einleitung

Angst ist ein grundlegendes menschliches Gefühl. Sie hat Alltagscharakter und prägt unser Leben mindestens ebenso stark wie andere bedeutende Affekte: Freude, Trauer, Liebe und Sympathie, Wut, Stolz, Scham, Erleichterung, Neid usw. (vgl. Ulich & Mayring 1992; Hülshoff 1999). Gerade für Angst gilt allerdings, dass sie aufgrund ihres unangenehmen Charakters ein eher unbeliebter Affekt ist und es vielfältige Bemühungen gibt, sie beiseite zu schaffen. Dabei können Ängste sehr nützlich sein, insbesondere als ein „inneres Warnsystem" vor Gefahren sowie zur Mobilisierung von Kräften in kritischen Situationen.

Gleichwohl kann Angst auch problematisch wirken und Menschen blockieren, stören, behindern. Dies gilt insbesondere, wenn Ängste sehr stark, dauerhaft oder auch in vielen Situationen des Lebens auftreten. Ängste können die Persönlichkeit prägen; sie können sich auch zu Störungen entwickeln, welche die Lebensführung und das Wohlbefinden erheblich beeinträchtigen.

Lange Zeit standen im Hinblick auf das Spektrum der Verhaltensauffälligkeiten, die in pädagogischen Handlungsfeldern zutage treten, die

Phänomene Aggressivität und Gewalt im Vordergrund der Diskussion und der Aufmerksamkeit – sowohl in der Praxis als auch in der Literatur. Das ist vielleicht auch kein Wunder, denn diese Probleme „drängen" sich den Pädagogen auf; sie stellen unvermeidbare pädagogische Herausforderungen dar.

Für eine pädagogische Betrachtung von Ängsten, Ängstlichkeit und Angststörungen ergeben sich bei genauerem Blick drei Probleme:

- Erstens richten sich die sonderpädagogischen und pädagogischen Bemühungen auch heute noch besonders auf externalisierende Phänomene wie Aggressivität sowie Aufmerksamkeits- und Hyperaktivitätsstörungen. Ängsten wird zu wenig Aufmerksamkeit gewidmet; dem entsprechend gibt es einen konzeptionellen Mangel.
- Zweitens stehen dann, wenn Angst als Störungsform thematisiert wird, psychotherapeutische Konzepte im Vordergrund. Recherchen zu spezifischer pädagogischer Literatur fördern recht wenig zutage. Wenn überhaupt pädagogische Möglichkeiten diskutiert werden, geht es um geschlossene Programme und deutlich zu wenig um unterschiedliche Ansatzpunkte des pädagogischen Handelns im Alltag.
- Drittens werden die Handlungsmöglichkeiten im Hinblick auf Ängste sehr verbreitet eingeengt auf eine personorientierte Perspektive – das Ansetzen von Prävention oder auch Veränderungsbemühungen an Kindern und Jugendlichen, die Ängste zeigen. Viel zu wenig werden die situativen Umstände in den Blick genommen.

Ängstlichkeit ist ein Phänomen, das mindestens ebenso viel Aufmerksamkeit verdient hat wie andere Problematiken des Verhaltens und Erlebens. So zeigt die Epidemiologie, dass Angststörungen zu den eindeutig häufigsten psychischen Störungen bei Menschen zählen, auch bei Kindern und Jugendlichen – Störungen, die zugleich allzu oft nicht behandelt werden. Angststörungen treten verbreitet multipel auf, also in Verbindung mehrerer Ängste, sind häufig komorbid verbunden mit anderen Störungen – und neigen zur Verfestigung bis ins Erwachsenenalter hinein, insbesondere, wenn sie bereits recht früh im Kindesalter beginnen.

Gerade der Prävention des Entstehens von Angststörungen, aber auch überstarker Ängstlichkeit kommt daher in zweierlei Hinsicht eine große Bedeutung zu: erstens bezogen auf die betroffenen Kinder und

Jugendlichen (sowie späteren Erwachsenen) in dem Sinne, persönliches Leiden zu minimieren; zweitens jedoch auch in gesellschaftlicher Hinsicht, denn umso stärker der Entstehung von Störungen und massiven Problematiken vorgebeugt werden kann, umso weniger müssen diese später aufwändig therapiert werden. Dieser Gedanke ist zugleich auch „inklusiv", denn dadurch würde die Rate derjenigen reduziert, welche einer sonderpädagogischen und möglicherweise auch institutionell gesonderten Förderung (in Schulen für Erziehungshilfe sowie auch Kliniken und Klinikschulen) bedürfen.

Im Hinblick auf Ängste, Ängstlichkeit und Angststörungen ist daher dringend mehr allgemeine sowie auch gezielte pädagogische Prävention vonnöten, unter Umständen ergänzt durch Maßnahmen der Frühintervention – oder aber darüber hinaus intensiverer Arbeit. Obgleich es wichtig ist, die Zuständigkeitsfelder von Pädagogen einerseits und Therapeuten, Psychologen, Psychiatern andererseits zu differenzieren, wird in diesem Buch die Position vertreten, dass sich auch Pädagogen mit massiver Ängstlichkeit und Angststörungen auseinandersetzen und hierzu Antworten im Rahmen ihres Zuständigkeitsbereichs kennen sollten. Zum einen sind Angstproblematiken viel zu verbreitet, als dass nicht alle Pädagogen in ihrer Praxis damit konfrontiert würden; und zum anderen ist es wichtig, zur Reduzierung massiver Problematiken auch einen eigenen, die therapeutische Arbeit ergänzenden Beitrag leisten zu können.

Daher macht es Sinn, einen vertieften pädagogischen Blick auf Ängste, Ängstlichkeit und Angststörungen zu richten. Als Grundlage soll ein differenziertes Verständnis des Themas eröffnet werden – im Hinblick auf Erscheinungsweisen, Epidemiologie, verwandte Konzepte, eine entwicklungspsychologische Perspektive sowie unterschiedliche Erklärungskonzepte. Anschließend sollen diagnostische Aspekte betrachtet sowie ein Überblick zu psychotherapeutischen Ansätzen gegeben werden. Im Wesentlichen wird es dann aber um Angst, Ängstlichkeit und Angststörungen als pädagogisches Problem gehen. Zunächst sollen einschlägige Förderprogramme und Trainings vorgestellt werden, insbesondere solche, die pädagogisch von Bedeutung sind. Dann wird es, auf Basis der Erkenntnisse in Theorie und Forschung, um eine Eröffnung und Diskussion verschiedener Ansatzpunkte pädagogischer Prävention und Intervention gehen – aber auch um die Schwierigkeiten und Grenzen. Dabei werden sowohl das präventive Ansetzen an Aspekten der Situation als auch Möglichkeiten personenbezogener Prävention und Frühintervention bedacht.

Damit richtet sich dieses Buch an Pädagogen mit verschiedensten Ausbildungen und in verschiedensten Feldern. Es richtet sich auch an andere Berufsgruppen im sozialen Feld, die Interesse an einem pädagogisch orientierten Überblick zu Ansatzpunkten im Hinblick auf Angst haben.

Ein besondere Dank gilt Frau Dorothea Ehr und Frau Jana Schmidt, die durch Qualifikationsarbeiten zu den Themen Schulangst (vgl. Ehr 2011) sowie Ängstlichkeit und Angststörungen (vgl. Schmidt 2011) dem Verfasser und diesem Buch verschiedenste Anregungen, Anstöße und Hinweise gegeben haben. Dank gebührt auch Anna-Lena Vöckler sowie Sebastian Henning für redaktionelle Arbeiten.

Würzburg, Sommer 2012 *Roland Stein*

Aus Gründen der Lesbarkeit ist, soweit nicht anders gekennzeichnet, bei Nennung der männlichen Form die weibliche stets mitgemeint.

1

Grundlagen

Inwiefern kann Angst zu einer pädagogischen Problemstellung werden? Inwiefern kann ein diesbezüglicher Förderbedarf entstehen?

Die grundsätzliche Antwort auf diese Frage ist doppelgesichtig, wie bereits in der Einleitung angesprochen: Zum einen handelt es sich bei Angst zunächst um eine der ganz grundlegenden menschlichen Emotionen. Insofern ist sie ein Alltagsphänomen, das zum Leben gehört und dem sogar, auch wenn Ängste in der Regel als störend und häufig als beeinträchtigend erlebt werden, nützliche Aspekte innewohnen. Es gilt daher sorgsam zu prüfen, nach welchen Kriterien wann wirklich im Hinblick auf Angst von einer Störung gesprochen werden sollte. Zum anderen zeigt die wissenschaftliche Forschung allerdings, dass Angststörungen zu den häufigsten Störungen bei Menschen gehören, im Hinblick auf ihre Verbreitung und Relevanz jedoch chronisch unterschätzt zu werden drohen.

In der Folge wird zunächst das grundlegende Phänomen Angst betrachtet, unter Einschluss verwandter Konstrukte. Anschließend geht es um Ängstlichkeit als einen menschlichen Persönlichkeitszug, um dann Angststörungen näher zu bestimmen und das Spektrum der Möglichkeiten der Ausprägung solcher Störungen zu betrachten.

1.1 Angst als Phänomen

Angst bzw. die umgangssprachlich üblicherweise synonym gebrauchte Furcht ist ein Gefühl, eine Emotion – und zwar eines der grundlegendsten Gefühle des Menschen, welches das ganze Leben durchzieht. Der Begriff Angst stammt vom lateinischen *anxietas, angere* bzw. *angustus* ab und hat die Bedeutungskontexte „eng", „drücken", „in Bedrängnis geraten", „sich beengt fühlen". Furcht basiert auf dem indogermanischen und mittelhochdeutschen *fuertan.*

Sich mit dem Thema „Angst" (oder auch Furcht) auseinanderzusetzen bedeutet also die Beschäftigung mit einem für die Menschen (und Tiere) elementaren, vieles bestimmenden und auch sehr facettenreichen Thema. Angst gehört zum Leben; Angst hat jeder – sei er gesund oder krank, sei er ängstlich oder mutig, sei er „angstgestört" oder nicht. Angst lässt sich schon bei Babys und Kleinkindern beobachten. Sie hat ihren Platz in grundlegenden Emotionskonzepten. Wenn Mayring (vgl. 1992) Gefühle in Form der vier Kategorien Zuneigungs-, Wohlbefindens-, Unbehagens- und Ablehnungsgefühle strukturiert, ordnet er Angst der letztgenannten Gruppe zu; Aspekte von Angst finden sich aber sicher auch im Bereich des Unbehagens.

Angst als solche ist zunächst also grundsätzlich ein alltägliches Erleben, das jeden Menschen betrifft. Und obgleich das Negative der Angst häufig im Vordergrund des Erlebens steht, hat Angst auch wichtige Funktionen: Sie warnt uns nicht nur vor Gefahrensituationen und dem (falschen, missglückenden) Umgang damit, sondern sie ist ganz allgemein ein „Gradmesser" des persönlichen Erlebens in einer Situation. Insofern sprechen Lang & Faller (vgl. 1996, 8 f.) auch von einer „fundamentalen Doppelgesichtigkeit" des Phänomens Angst: Nützlichkeit und Hinderlichkeit. Diesem Phänomen wohnt allerdings noch eine zweite „Doppelgesichtigkeit" inne: Auf der einen Seite stehen negative Affekte, etwas Unangenehmes, bisweilen Schreckliches, das es zu vermeiden oder zu bekämpfen gilt; auf der anderen Seite gibt es auch den Reiz der Angst, den Nervenkitzel, die „Lust an der Angst" (Morschitzky 2009, 12). So schauen sich Menschen Horrorfilme an, lassen sich auf „Bungee Jumping" ein und junge Menschen holen sich ihren „Kick" bei gefährlichen Autorennen oder beim „S-Bahn-Surfen". In diesem Sinne kann Angst offenbar auch höchst anregende, mobilisierende Aspekte beinhalten.

Angst ist aber dennoch grundsätzlich im Kern ein durch Abneigung und Unbehagen gekennzeichnetes Gefühl, das Hackfort & Schwenkmezger (1985, 19) wie folgt definieren:

> „Angst ist eine kognitive, emotionale und körperliche Reaktion auf eine Gefahrensituation bzw. auf die Erwartung einer Gefahren- oder Bedrohungssituation. Als kognitive Merkmale sind subjektive Bewertungsprozesse und auf die eigene Person bezogene Gedanken anzuführen ... Emotionales Merkmal ist die als unangenehm erlebte Erregung, die sich auch in physiologischen Veränderungen manifestieren und mit Verhaltensänderungen einhergehen kann."

Eine alternative Bestimmung bietet Fröhlich (vgl. 1993, 56): Er sieht Angst als

> „allgemeine umfassende Bezeichnung für emotionale Erregungszustände, die auf die Wahrnehmung von Hinweisen, auf mehr oder weniger konkrete bzw. realistische Erwartungen oder allgemeine Vorstellungen physischer Gefährdung oder psychischer Bedrohung zurückgehen. A.-Zustände äußern sich in Gefühlen der Spannung bzw. Betroffenheit und gehen mit ausgeprägten autonomen Veränderungen einher".

In beiden Definitionsversuchen wird implizit aufgenommen, dass Angst durch zwei grundsätzlich zu unterscheidende Erlebenskomponenten gekennzeichnet ist:

- zum einen die Aufgeregtheit („emotionality") im Sinne einer physiologischen Erregung,
- zum anderen die Besorgnis („worry") im Sinne von belastenden, insbesondere zukunftsgerichteten Gedanken.

In der Aufgeregtheit manifestiert sich eine „fight-and-flight-reaction" (vgl. Hülshoff 1999, 61), die ontogenetisch sinnvoll ist: Steigerung der Herzfrequenz und des Blutdrucks, Auftreten von Angstschweiß, Gänsehaut, Weitung der Pupillen, Aktivierung der Atmung, Zittern. Es handelt sich um eine generelle Aktivierungsreaktion, die angesichts einer erlebten Bedrohung auf Flucht oder Kampf vorbereiten soll. Auch die Besorgtheit im Sinne kognitiver Auseinandersetzung mit einer vorausgesehenen oder unmittelbar erlebten Bedrohung ist grundsätzlich funktional, um dieser effektiv zu begegnen.

Mit den physiologischen Prozessen beim Vorgang der Angst beschäftigt sich die sogenannte Arousaltheorie: Die Begriffe Erregung („arousal") und Aktivierung/Aktivation („activation") werden hier weitgehend synonym gebraucht. Insbesondere tiefgelegene, mediobasale Schläfenlappenstrukturen sind an der Auslösung von Angst beteiligt (vgl. Strian 1996, 17) – Hirnstrukturen, die den Hirnstamm umschließen, vor allem die Gebiete des Hippocampus und des Mandelkerns in Verbindung mit den Nachbarschaftsstrukturen des limbischen Systems. Unter Arousal ist eine physiologische Erregung zu verstehen, eine Bandbreite von Aktivierungsgraden vom Tiefschlaf über Wachsein, angespannte Aufmerksamkeit bis hin zu heftiger Erregung. Durch neurologische Untersuchungen wurde das funktional bedeutsame „aufsteigende retikuläre Aktivierungssystem" (ARAS) im Hirnstamm entdeckt. Daran ist unter anderem, jedoch maßgeblich, die sogenannte formatio reticularis beteiligt, ein Nervengeflecht im zentralen Nervensystem, welches die Bewusstseinshelligkeit kontrolliert. Seine Aktivität bewirkt eine unspezifische Weckung des Großhirns. Der Arousaltheorie zufolge wurde Angst als eine spezifizierte Erregung gesehen: Zunächst kommt es zu einer Erregung über das ARAS zur Großhirnrinde, die anschließend über kognitive Prozesse interpretiert wird (vgl. Krohne 1975, 13; Hackfort und Schwenkmezger 1985, 24; Birbaumer 1973). Allerdings ist die Aufeinanderfolge von Erregung und Angsterleben schon seit langem sehr umstritten – und damit diese gesamte Sichtweise in ihrer Einfachheit.

Ein Systematisierungsversuch der inhaltlichen Hauptbereiche von Ängsten stammt von Schwarzer (vgl. 1993), der grundsätzlich zwischen sozialen Ängsten, Leistungsängsten und Existenzängsten unterscheidet, die dann jeweils weiter ausdifferenziert werden. Dabei können bei einem konkreten Angstanlass durchaus auch mehrere Bereiche durchmischt auftreten. Dies wird am Beispiel von Schulangst später noch deutlich werden. Aber auch sexuelle Ängste beispielsweise können sich auf Sozialität (Scham, Peinlichkeit), auf Leistung (Versagen) oder Existenzielles (Ansteckung mit einer unter Umständen gar tödlichen Krankheit) beziehen.

Die Begriffe *Angst und Furcht* werden häufig synonym verwendet, in der wissenschaftlichen Literatur jedoch teilweise auch unterschieden: Dann bezeichnet Furcht die Reaktion auf konkrete Situationen, während Angst das unangenehme Erleben angesichts von unklaren Situationen und Befürchtungen meint. Diese Unterscheidung geht auf eine bedeutende Arbeit des Philosophen Kierkegaard (vgl. 1996; im Original 1844) zurück, die sich mit der existenziellen Angst des in das Leben geworfenen und für dessen Bewältigung verantwortlichen Menschen auseinandersetzt. Auch wenn Levitt (vgl. 1979, 15) einwendet, dass die meisten Angstreaktionen zwischen spezifisch und diffus lägen, scheint die Unterscheidung beider Begriffe durchaus nachvollziehbar, denn sie hat Bedeutung für das Erleben selbst sowie die sich ergebenden Handlungsmöglichkeiten. Dies wird unter 3. im Rahmen unterschiedlicher theoretischer Konzepte noch deutlicher werden. Nichtsdestotrotz wird in diesem Buch als Überbegriff derjenige der Angst gewählt, weil er am verbreitetsten und geläufigsten sein dürfte.

Schreck wird allgemein üblich als kurzes, stark physiologisch und verhaltensmäßig geprägtes Angstmoment beschrieben, insbesondere eine automatische Reaktion des Zusammenfahrens. Mayring (1992, 146) sieht Schreck eng verbunden mit Überraschung: „Überraschung ist eine kurzfristige emotionale Reaktion auf ein plötzliches, unerwartetes Ereignis. Überraschung und Erstaunen beziehen sich dabei eher auf positive Situationen, Schreck eher auf Bedrohungen." Damit sind Überraschung und Schreck evolutionsbiologisch wichtige Orientierungs- und Überlebensreaktionen. Das Erleben ist unterschiedlich: bei der Überraschung eher angenehm, beim Schreck eher unangenehm.

Phobie bezeichnet eine bestimmte Gruppe abnormer Ängste: „Eine Phobie ist eine übertriebene Furcht vor einem bestimmten Objekt oder Ereignis, wenn die Wahrscheinlichkeit, daß der Betreffende dabei Schaden nimmt, sehr gering ist" (Levitt 1979, 16). Strian (1996, 41) stellt die Abgrenzung zu anderen abnormen Angstformen heraus: „Objekt- und Situationsphobien sind der Gegenpol zur ‚frei flottierenden', spontan auftretenden Angst. Der wesentlichste Unterschied zwischen Phobie und Spontanangst besteht aber weniger im Angsterleben selbst – das in beiden Fällen einer ‚Panikangst' entsprechen kann –, sondern in der *Auslösung* der phobischen Angst durch ganz bestimmte *äußere* Bedingungen (Objekt- und Situationsangst) gegenüber der des Panikanfalls durch innere Bedingungen." Bei der Phobie handelt es sich also um eine immer wieder auftretende, an konkrete Anlässe gebundene, starke Angstreaktion, die aus „objektiver" Sicht wenig realistisch oder gerechtfertigt ist.

Auch der Terminus *Stress* ist in diesem Zusammenhang zu erwähnen. Als verwandte Begriffe nennt Mayring (vgl. 1992, 177 ff.) Anspannung, Nervosität und Unruhe. Der Stressforscher Selye (1977, 38 f.) definiert das Phänomen wie folgt: „Stress ist die unspezifische Reaktion des Körpers auf jede Anforderung, die an ihn gestellt wird [...]. Die unspezifische Forderung, daß etwas zu geschehen hat, ist im ureigensten Sinne Stress" (im Original tlw. kursiv). Dabei unterscheidet Selye zwischen positivem „Eustress" und negativem „Distress": Generell sorgt Stress für eine Aktivierung; dabei kann man Situationen anregender Aktivierung unterscheiden von solchen der Belastung und Überforderung des Organismus. Selyes Verdienst besteht darin, die differentielle Bedeutung des Stresserlebens herausgearbeitet zu haben: Ohne Stress im Sinne der Anregung ist ein Leben nicht vorstellbar. Die vollständige Abwesenheit von Stress würde bedeuten, absolut ungerührt zu sein – der Zustand des Todes. „Selbst wenn wir völlig entspannt sind und schlafen, ist unser Körper noch in gewissem Maße unter Stress" (ebd., 42). Angst kann als besondere Form von – zumeist – negativem Stress verstanden werden oder auch Stress als Begleiterscheinung zur Angst. Konzepte von Stress und von Angsterleben gehen Hand in Hand, wie die Theorie von Lazarus (siehe 3.2.2.2) zeigt.

Beim Menschen führen als unkontrollierbar erlebte Ereignisse nach Krohne (1996, 281) „u. a. zu verstärkter autonomer Erregung, vermehrten negativen Affekten und insbesondere erhöhter Angst". Wenn Situationen immer wieder als unkontrollierbar erlebt werden, also das eigene Handeln nichts bewirkt oder zu bewirken scheint, entwickelt sich Seligman (vgl. 1995) zufolge die Extremform einer *erlernten Hilflosigkeit* im Sinne eines dreifachen Defizits: motivational (indem nichts mehr oder zu wenig getan wird, die Person also passiv reagiert), kognitiv (indem die Lernfähigkeit für Neues eingeschränkt wird) sowie emotional (in Form einer depressiven Grundstimmung) (siehe 3.2.5).

Angst ist letztlich ein „Konstrukt“: eine abstrakte Kategorie, die nur anhand konkreter Indizien „dingfest“ gemacht werden kann. Birbaumer (vgl. 1973) unterscheidet physiologische, subjektive (emotionale) und motorische Reaktionen, Schwarzer (vgl. 1981) sprachliche Mitteilung, körperliche Erregung, offenes Verhalten und Ausdruck. Im Gesamtbild scheint es sinnvoll, fünf wesentliche Ebenen oder Bereiche, in denen sich Angst manifestiert, zu betrachten:

- physiologische Ebene: beispielsweise Veränderungen des Blutdrucks, der Herzschlagrate oder des Hautwiderstands, Schwitzen oder Erröten
- motorische/Verhaltens-Ebene: beispielsweise sich zu ducken oder zu fliehen
- Ausdrucksebene: Körperhaltung, Stimme, Gestik oder Mimik
- sprachliche Ebene: direkte oder indirekte Aussagen über die eigene Angst
- subjektiv-emotionale Ebene: das ganz individuelle Erleben von Angst.

„Hinter“ diesen konkreten Indizien des Verhaltens und Erlebens steht das, was als Angst bezeichnet wird, ein Gesamtkomplex, ein Phänomen, das nur über diese konkretisierten Ebenen erfassbar wird. Letzteres hat direkte Bedeutung für diagnostische Zugänge, spielt aber durchaus auch für das Selbstmanagement von Ängsten sowie für Therapie und pädagogische Förderung eine Rolle.

Von alltäglichen Ängsten abzugrenzen ist Ängstlichkeit als ein überdauernder Persönlichkeitszug. Von beidem wiederum zu unterscheiden sind ausgeprägte Angststörungen, bei denen Angst in Lebensbezügen zu mehr oder weniger massiven Beeinträchtigungen führt.

„normale“ Angstreaktionen	↔	Ängstlichkeit	↔	Angststörung

1.2 Ängstlichkeit als Wesenszug

Mit dem Begriff Angst wird also ein (alltäglich immer wieder erfahrbarer) Zustand („state") bezeichnet. Davon zu unterscheiden ist Ängstlichkeit, ein Begriff, der in der Regel für den entsprechenden Wesenszug („trait"), also eine Persönlichkeitskomponente von Menschen verwendet wird. Ängstlichkeit lässt sich von Angst insofern abheben, als sie Menschen kennzeichnet, die

- besonders häufig,
- in unterschiedlichen Situationen sowie
- besonders stark

mit dem Affekt Angst reagieren.

Menschen könnten also, fasst man diese drei Merkmale einmal der Einfachheit halber zusammen, auf einem Kontinuum zwischen zwei Polen eingeordnet werden: auf der einen Seite solche Personen, die selten, in wenigen Situationen und schwach mit Angst reagieren; auf der anderen Seite diejenigen, bei denen Angst oft oder fast immer, in vielen oder fast allen Situationen sowie stark oder gar extrem auftritt. Dabei ist Ängstlichkeit als ein Phänomen zu verstehen, welches in verschiedenen Lebenssituationen von Kindern auffällt – so auch in pädagogischen Situationen. Es kann noch einmal abgegrenzt werden von der extremen Ausprägung, welche die Bezeichnung einer Angststörung erfährt. Solche extremen Formen werden zu Problemstellungen für klinische Psychologie und Psychiatrie; sie werden auch in psychiatrischen Diagnosesystemen beschrieben und definiert. Die Kinder und Jugendlichen finden sich mit ihren massiven Problematiken allerdings natürlich auch in pädagogischen Handlungsfeldern.

Ängstlichkeit kann allerdings differenziert näher betrachtet werden – was aus pädagogischer Perspektive sehr bedeutungsvoll ist, denn ein solcher Blick auf Details kann eine gezieltere Förderung ermöglichen. Eine Differenzierung lässt sich aus den faktorenanalytischen Forschungen von Cattell (vgl. 1973) gewinnen, der unter Heranziehung einer großen Fülle empirischer Daten Ängstlichkeit beziehungsweise Angstneigung (auch als „geringe Belastbarkeit" bezeichnet) als einen Sekundärfaktor und damit einen die Persönlichkeit auf übergeordneter Ebene beschrei-

benden Aspekt bestimmt. In diesem Modell konstituiert sich Ängstlichkeit aus den nachfolgenden Primärfaktoren, die wie angegeben positiv oder negativ laden und mit unterschiedlicher Gewichtung einfließen:
- geringe Ich-Stärke C– (bzw. geringe emotionale Stabilität)
- starke Schuldneigung O+
- starke soziale Scheu H–
- starkes paranoides Verhalten L+ (bzw. geringes Vertrauen)
- starke Triebspannung Q4+
- geringes Vertrauen in die eigene Willenskontrolle Q3–

Angstneigung wird als ein personenspezifisches und recht stabiles Verhaltensmuster gesehen. Sie ist ein stark generalisierter trait – also eine relativ beständige und allgemeine Reaktionstendenz einer Person.

Eine recht unmittelbare Handlungsrelevanz kommt einer Systematisierung der Kennzeichen von Ängstlichkeit zu, die Krohne (vgl. 1996, 291 ff.) vorgenommen hat – Kennzeichen, die einzeln, aber auch in unterschiedlichen Kombinationen bei einem Kind oder Jugendlichen auftreten mögen. Ergänzt man die von Krohne genannten Aspekte noch um einen weiteren, denjenigen einer „existenziellen Angst" (vgl. Seitz & Rausche 2004, 282 ff.), so kann man feststellen, dass Ängstlichkeit insbesondere durch die folgenden Merkmale bestimmt ist:
- starke und häufige, automatisiert erscheinende Angstreaktionen in unterschiedlichen oder auch bestimmten Situationen (gelernte Angstreaktionen);
- starke innere, häufig auf Basis bisheriger Lebenserfahrungen aufgebaute Spannungen im Sinne eines Grundpotenzials zu Aufgeregtheit und Besorgtheit, einer Art „Grundangst" oder auch „existenzieller Angst";
- verstärkte Erwartungen, dass bestimmte situative Ereignisse unangenehme und negative („aversive") Folgen haben; im Zuge solcher Erwartungen vermehrte Wahrnehmung von subjektiv bedrohlichen Hinweisreizen (Bedrohungserwartungen);
- die Erwartung, dass das eigene Verhalten wenig zur Kontrolle der Konsequenzen einer Situation beitragen kann („externale Kontroll-Überzeugung");
- die Selbsteinschätzung, dass es an Fähigkeiten fehlt, ein möglicherweise erfolgreiches Kontrollverhalten überhaupt auszuüben – und

auch die Selbsteinschätzung, die in bedrohlichen Situationen ausgelösten Gefühle nicht ausreichend regulieren zu können (geringe Kompetenz-Erwartung) – sowie häufig (aber keineswegs immer)

- eine *tatsächlich* geringere Kompetenz zur Ausführung eines effektiven Bewältigungsverhaltens – und zwar sowohl im Hinblick auf die eigenen Reaktionen nach außen hin als auch im Hinblick auf die Regulierung der eigenen Emotionen.

Krohne (vgl. 1996) weist ergänzend darauf hin, dass individuelle *Werte* eine besondere Rolle spielen: Es wird in solchen Situationen besonders stark Angst auftreten, die der Person besonders wertvoll, also subjektiv wichtig erscheinen – in denen also besonders viel auf dem Spiel steht. „Zusammengefasst stellt Ängstlichkeit also ein spezifisches Muster aus Kompetenzen, Codiertendenzen, Konsequenz- und Kompetenzerwartungen, Werten sowie Merkmalen der Selbstregulation dar" (ebd., 291).

Ängstlichkeit betrifft häufig auch das Selbstkonzept und führt dann in einen „circulus vitiosus", wie es bereits an den oben genannten Erwartungen deutlich wird: Die eigene Person und ihre Bezüge zur Umwelt werden immer wieder so gesehen, dass Angstreaktionen verstärkt auftreten. „So neigen ängstliche Personen z. B. dazu, Dinge und Situationen überhäufig und intensiver als bedrohlich zu interpretieren als nichtängstliche" (Lazarus-Mainka & Siebeneick 1997, 6; vgl. auch 2000, 314 ff.). Diese Autoren sprechen insofern von „Ängstlichkeit als Selbstkonzept" – Ängstlichkeit wird hier als ein kognitives Konzept gesehen, als ein Selbstschema, welches durch bestimmte Verhaltens- und Bewertungsmuster entsteht, die generalisiert werden und dann als eine Art Selektionsmechanismus für Informationen wirken. Personen mit einem solchen „Ängstlichkeitsselbstkonzept" sind Experten für Angstinhalte – insofern, als sie besonders sensibel auf potentiell angsterzeugende Reize reagieren. Sie seien durch eine besondere Form von Sprache bestimmt. Hohe Sensibilität sowie spezifische Sprache hätten erheblichen Einfluss auf die Informationsverarbeitung.

Das Persönlichkeitskonstrukt einer generellen Ängstlichkeit ist mittlerweile umstritten. Die Forschung setzt sich teilweise stärker mit den angstspezifischen Reaktionen auf bestimmte Situationen auseinander: „Ängstlichkeit zeigt [...] im Selbsturteil eine nur geringe transsituative Konsistenz; entsprechend viele Faktoren gibt es. [...] Insofern sollte

Ängstlichkeit nicht als eine einheitliche Eigenschaft, sondern eher als eine Dispositionshierarchie aus situationsspezifischen Ängstlichkeitsfaktoren aufgefaßt werden mit einem übergeordneten Faktor der allgemeinen Ängstlichkeit" (Asendorpf, 1996, 135). Krohne (vgl. 2010, 21) spricht von „bereichsspezifischen Angstneigungen", indem im Sinne eines interaktionistischen Angstverständnisses spezielle Situationen bzw. Umweltbereiche auf bestimmte Personen stärker angstinduzierend wirken. Dabei nimmt er insbesondere folgende Bereiche in den Blick (ebd., 21 ff.): „Bewertungsängstlichkeit", „soziale Ängstlichkeit", „Angst vor physischer Verletzung"; hinzu kommen verschiedenste weitere bereichsspezifische Angstneigungen. Auch eingedenk dieser Kritik wird die Auseinandersetzung mit Ängstlichkeit keineswegs obsolet (vgl. Krohne 2010, 29 ff.; 66 ff.), und: Ängstlichkeit erscheint als maßgeblicher Faktor zur Beschreibung menschlicher Persönlichkeit in diagnostischen Verfahren, auch für Kinder und Jugendliche (siehe 5.), sowie in der aktuelleren Forschung zu spezifischen Persönlichkeitsstörungen, indem bestimmte Persönlichkeiten als von Ängstlichkeit, Vermeidung und Selbstunsicherheit geprägt gesehen werden (vgl. Fiedler 2001, 291 ff. sowie auch 337 ff. und Dilling u. a. 1993, 231 f.). Es lohnt sich zweierlei: zum einen, zu bedenken, dass Angst wie Ängstlichkeit nützliche Konstrukte darstellen sollen, und zum anderen, sich um eine differenziertere Erfassung von Angstproblematiken zu bemühen.

In jüngerer Zeit wird Angstsensitivität als ein Persönlichkeitsfaktor diskutiert, der zur Entstehung von Angststörungen beitragen könnte. Darunter wird die Neigung verstanden, Körpergefühle, die oft im Zusammenhang mit Angst erlebt werden, als bedrohlich zu interpretieren (vgl. etwa Schmidt-Traub 2003, 116 f.). Es handelt sich um eine Art „Angst vor der Angst". Federer u. a. (vgl. 2000) konnten zeigen, dass Angstsensitivität in der Tat schon bei Achtjährigen ein wichtiger Indikator für Angststörungen ist. Eine besondere Rolle scheint dabei der Wahrnehmung und Interpretation des eigenen Herzschlags zuzukommen. Schmidt-Traub (vgl. 2003, 116) weist auf Forschungsbefunde zur Angstsensibilität von 12–18-Jährigen hin, die vier zentrale Aspekte zutage förderten: Ängste vor kardiologischen Symptomen, vor öffentlich wahrnehmbaren Reaktionen, dem Verlust der kognitiven Kontrolle sowie Atemsymptomen. Ganz gegenteilig scheint allerdings „Achtsamkeit" im Sinne einer absichtsvollen, nicht wertenden Lenkung der Aufmerksamkeit auf die Erlebnisinhalte des gegenwärtigen Augenblicks deutlich negativ, also günstig, mit psychopathologischen Belastungen, darunter auch Depressivität und Ängstlichkeit zu korrelieren (vgl. Heidenreich, Ströhle & Michalak 2006). Hierbei richtet sich die Aufmerksamkeit allerdings auf das gesamte – und nicht nur auf das körperliche – Erleben. Es dürfte bedeutsam sein, dass dies nicht-wertend geschieht, also nicht mit negativen, auf sich selbst oder die Situation bezogenen Gedanken (vgl. auch 3.2.2).

Die psychologische Theorie des Behaviorismus (siehe auch 3.2.1) berücksichtigt konsequent nur die Verhaltensebene des Phänomens „Ängstlichkeit". Man kann feststellen, dass sich manche Kinder situationsübergreifend verhaltensunsicher zeigen. Dafür hat die kognitive Lernpsychologie das Konzept der „Sozialen Unsicherheit" oder des „sozial unsicheren Verhaltens" geprägt (vgl. Petermann & Petermann 2008). Letztlich wird dabei insbesondere der Bereich der sozialen Ängste in den Vordergrund gestellt und aus einer lernpsychologischen Sicht betrachtet. Soziale Angst kann, wie jede Angst, situationsbezogen auftreten, aber auch als habitualisierter Zustand, also als überdauernd gelernt und damit dispositionell (vgl. ebd., 8). Mit Petermann (vgl. ebd., 8 f.) kann sozial unsicheres Verhalten oder soziale Unsicherheit gesehen werden als ein Phänomen, welches aus der Motivation der sozialen Angst herrührt und sich zugleich auf die Handlungsvoraussetzung eines defizitären Sozialverhaltens bezieht. Zugrunde liegt also das Motiv der Vermeidung sozialer Situationen und Herausforderungen auf Basis mangelnder Handlungsmöglichkeiten. Ein solches sozial unsicheres Verhalten geht mit einem als unangenehm erlebten Erregungsanstieg einher. Bei bestimmten Kindern (bzw. Menschen) erscheint sozial unsicheres Verhalten als habitualisierter Zustand: „Das bedeutet, ein sozial unsicheres Kind erlebt schneller und entsprechend häufiger den unangenehmen Erregungsanstieg" (ebd., 9). Soziale Unsicherheit ist nicht gleichzusetzen mit Ängstlichkeit; zwischen beiden Phänomenen gibt es nur einen Schnittbereich. Soziale Unsicherheit kann eine besondere, auf soziale Situationen bezogene Form der Ängstlichkeit darstellen; sie kann aber auch beschränkt sein auf die reine Verhaltensebene, ohne dass ein betroffenes Kind Angst erlebt.

1.3 Angststörungen

Wenn Ängste immer wieder und sehr massiv auftreten, kann es zu erheblichen Beeinträchtigungen von Lebensfunktionen und der Lebensbewältigung kommen. Für solche Fälle wird von Angststörungen gesprochen. Diesbezüglich lässt sich, noch einmal spezifisch für Kinder und Jugendliche, ein ganzes Spektrum unterscheiden. Ausgeprägte Störungen ziehen in der Regel die Notwendigkeit therapeutischer Hilfe nach sich. Nichtsdestotrotz sind sie aus zwei Gründen heraus auch pädagogisch relevant: Zum einen hilft die Kenntnis von Störungen dabei, diese einschließlich von Vorboten gezielt zu erkennen, früh (präventiv) agieren sowie gezielt Hilfe heranziehen zu können; zum anderen sind solche Kenntnisse aber auch insofern hilfreich, da bei Einsatz therapeutischer Verfahren pädagogische Bemühungen nicht eingestellt werden dürfen und diese sogar einen bedeutsamen, zumindest ergänzenden Beitrag zur Förderung leisten können.

1.3.1 Zum Verständnis von Störungen

Der Begriff Störung wird in diesem Buch in zweifacher Weise gebraucht. Grundsätzlich werden Verhaltensstörungen als Störungen im Person-Umwelt-Bezug verstanden – es kommt zu Abweichungen in der Interaktion zwischen Person und Situation (vgl. Stein 2011). Dieses Verständnis ist ein interaktionistisches; es berücksichtigt sowohl Beiträge der Person (im Sinne einer „auffälligen" Persönlichkeit) als auch der aktuellen, also gegenwärtigen Situation, mit der die Person sich auseinandersetzen muss (etwa im Sinne von potenziellen Belastungen in Familie, Schule, Gruppe der Gleichaltrigen usw.). Es berücksichtigt aber, im Sinne der Interaktion, auch die Auseinandersetzung selbst, also die Formen, die gewählt werden, oder die Probleme, die dabei auftreten. Auffälligkeiten im Verhalten und Erleben eines Menschen sind aus dieser Sichtweise heraus immer ein Signal für eine Störung im Person-Umwelt-Bezug.

Wenn hier von Angststörungen die Rede ist, folgt die Begrifflichkeit allerdings, ganz anders, der allgemein verbreiteten psychologisch-psychiatrischen Nomenklatur. Störungen in diesem Sinne werden in der

Person verortet. Sie sind also vergleichbar mit dem eben erwähnten Verständnis von Verhaltensauffälligkeiten. Es handelt sich um problematische Besonderheiten der Person, um ein „Verhaltens- oder Erlebnis-Syndrom (Merkmalsmuster), das verbunden ist mit aktuellen Beschwerden [...], Behinderungen bzw. Einschränkungen in einem oder mehreren Funktionsbereichen" (Fröhlich 1993, 380). Auch hier gelten die bereits im Hinblick auf Ängstlichkeit angesprochenen Kriterien der besonderen Häufigkeit und Stärke des Auftretens von Ängsten; je nach Störungsform gilt auch das Kriterium des übersituativen Auftretens.

Diese spezifische Perspektive dominiert auch die internationale Klassifikation von (Angst-) Störungen. Sie ist rein personorientiert und lässt situative Aspekte zunächst außen vor. In der internationalen Diagnostik werden sie allerdings zusätzlich berücksichtigt und erhoben. Eine solche Sicht von Störungen ist zu unterscheiden von der diesem Buch zugrunde gelegten interaktionistischen Sicht.

1.3.2 Störungsformen

Die verbreitetsten Diagnosesysteme für psychiatrisch relevante Störungen sind die ICD-10 (Dilling u.a. 1993) sowie das DSM-IV (Saß u.a. 1996). Die im Hinblick auf Angst unterschiedenen zentralen Störungsgruppen können für Erwachsene, aber auch für Kinder und Jugendliche herangezogen werden. Zusätzlich werden in der ICD-10 noch eine Reihe besonderer Verhaltens- und emotionaler Störungen im Kindes- und Jugendalter beschrieben. Grundsätzlich gilt, dass die jeweiligen Ängste über einen längeren Zeitraum hinweg auftreten sowie im Hinblick auf Alter und Entwicklungsstand des Kindes als unangemessen beurteilt werden müssen, um eine Störung zu attestieren (vgl. auch Kap. 2). Während die ICD-10 Angststörungen in einer Kategorie „emotionale Störungen des Kindesalters" erfasst, findet sich im DSM-IV keine eigene entsprechende Kategorie – mit Ausnahme der Bestimmung einer Störung mit Trennungsangst. Ansonsten werden hier im Wesentlichen die Kriterien der Störungen im Erwachsenenalter herangezogen. Ein sowohl systematischer als auch recht erschöpfender Überblick zur Beschreibung und Klassifikation von Angststörungen findet sich bei Essau (vgl. 2003, 31 ff.), wo aus einer vergleichenden Nebeneinanderstellung der beiden Diagnosesysteme heraus die folgenden neun Formen unterschieden werden:

- Störung mit Trennungsangst: „Das Kennzeichen der Störung mit Trennungsangst ist übermäßige Angst vor einer Trennung von zu Hause oder von Hauptbezugspersonen“ (ebd., 36). Charakteristisch ist ein breites Spektrum von Vermeidungsstrategien, welche die Lebensbewältigung im privaten Bereich und/oder (vor-)schulischen Institutionen mehr oder weniger stark beeinträchtigen. Die Störung muss gemäß DSM IV vor dem Alter von 18 Jahren, gemäß ICD-10 vor dem sechsten Lebensjahr einsetzen.
- Panikstörung: Spontane Panikattacken treten wiederholt auf, gepaart mit anhaltender Sorge vor diesen, ihren Begleiterscheinungen und Konsequenzen. Die Panikattacken selbst sind gekennzeichnet von intensiver Angst oder Unbehagen, welche klar abgegrenzt und episodenhaft auftreten (ebd., 41) und durch spezifische körperliche und kognitive Symptome einer Kampf- oder Fluchtreaktion gekennzeichnet sind. Solche Attacken erscheinen in der Regel unerwartet und abrupt und sollen nicht durch eine Situation nachvollziehbar erklärbar sein.
- Agoraphobie: Diese Störung wird im DSM IV nur in Zusammenhang mit einer voll ausgeprägten Panikstörung diagnostiziert, nicht eigenständig. In der ICD-10 besteht diese Kategorie jedoch. Es handelt sich um die beträchtliche und anhaltende Furcht vor Menschenmengen, öffentlichen Plätzen oder dem Reisen alleine bzw. zu weit entfernten Orten. Eine Flucht aus solchen Orten ist schwer möglich oder auch peinlich – oder es wäre bei Auftreten einer Panikattacke keine Hilfe zu erwarten. Die Betroffenen leiden in den entsprechenden Situationen unter beträchtlicher Angst, die in der Regel zu einem sukzessiven Vermeidungsverhalten führt. Im fortgeschrittenen Stadium wird häufig das Haus nicht mehr verlassen, was zu einer beträchtlichen Beeinträchtigung der Lebensvollzüge führt.
- Spezifische Phobie: Diese ausgeprägten, anhaltenden Ängste richten sich auf bestimmte Objekte oder Situationen (mit Ausnahme der mit Agoraphobie und sozialer Phobie verbundenen). Konfrontationen mit den phobischen Reizen rufen fast immer die unmittelbare starke Angstreaktion hervor. Es tritt auch hier (zunehmendes) Vermeidungsverhalten auf.

- Soziale Phobie: In sozialen oder Leistungssituationen treten starke Ängste auf, im Zentrum der Aufmerksamkeit zu stehen und ein Verhalten zu zeigen, das demütigend, peinlich oder erniedrigend sein könnte, also entsprechend sozial beurteilt wird. Das Versagen wird häufig gedanklich vorweggenommen. Laut DSM IV soll für Kinder gewährleistet sein, dass sie über die altersentsprechenden sozialen Kompetenzen verfügen, und die Angst sollte nicht allein gegenüber Erwachsenen auftreten (vgl. Essau 2003, 55 ff.). Auch hier lösen Konfrontationen mit den gefürchteten Situationen fast immer die unmittelbare Angstreaktion aus, und auch hier kommt es zu häufig sukzessivem Vermeidungsverhalten. Für diese wie die vorangehenden Phobieformen gilt, dass Kinder im Unterschied zu Erwachsenen häufig das Übertriebene und Unangemessene der Angst nicht erkennen (vgl. ebd., 49/57).
- Zwangsstörung: Es treten Zwangsgedanken oder Zwangshandlungen auf. Charakteristika des Zwanges sind der wiederkehrende und für sich genommen unangenehme (sich aufdrängende und als unangemessen empfundene) Charakter, des Weiteren das Leisten eines erfolglosen Widerstandes dagegen. Gedanken und Handlungen dienen dazu, Unwohlsein zu verhindern oder zu reduzieren oder gefürchteten Ereignissen vorzubeugen. Die Handlungen haben oft rituellen Charakter. Auch bei dieser Störungsform kommt es zu einem Teufelskreis solcher Rituale, der viel Energieaufwand und eine sukzessive Einschränkung normaler Aktivitäten bedeutet. Durch die rituellen Gedanken oder Handlungen wird eine Bewältigung bestimmter Ängste und Befürchtungen angestrebt; bei Verhinderung der Ausübung des Zwanges werden die Ängste umso stärker. Insofern ergibt sich hier ein enger Zusammenhang zwischen Zwang und Angst. Zwar wird eine Abgrenzung zu psychotischen Störungen dahingehend vorgenommen, dass die Person die Gedanken und Impulse als eigene erkennt, aber wiederum setzt das DSM IV für Kinder nicht voraus, dass sie den übertriebenen oder unvernünftigen Charakter ihres Verhaltens realisieren (ebd., 58 ff.).
- Generalisierte Angststörung: Kennzeichen dieser Störungsform ist eine übermäßige Angst und Sorge bezüglich verschiedener Ereignisse und Aktivitäten über längere Zeit hinweg bei Schwierigkeiten, die Sorgen zu kontrollieren oder auch mit Beeinträchtigungen in wich-

tigen Funktionsbereichen. Mögliche Symptome sind Ruhelosigkeit, leichte Ermüdbarkeit, Konzentrationsprobleme oder Leere im Kopf, Reizbarkeit, Muskelspannung sowie Schlafstörungen. Für Kinder und Jugendliche fordert das DMS IV die Diagnose mindestens eines körperlichen Symptoms.

- Posttraumatische Belastungsstörung: „Diese entsteht als eine verzögerte oder protrahierte Reaktion auf ein belastendes Ereignis oder eine Situation außergewöhnlicher Bedrohung oder katastrophenartigen Ausmaßes“ (Dilling u. a. 1993, 169). Reaktionen sind Verzweiflung, Entsetzen, Hilflosigkeitserleben, Alpträume, wiederkehrende belastende Erinnerungen, auch körperliche Reaktionen – und intensive Angst. Der auslösenden Situation ähnelnde Umstände werden vermieden, oder es treten auffällige Furchtreaktionen zutage. Kinder drücken die Erinnerungen häufig im Spiel aus. „Im Gegensatz zum DSM-IV gehören in der ICD-10 häufige klinische Merkmale wie emotionale Stumpfheit und das Gefühl von Betäubtsein sowie die Vermeidung von Reizen, die eine Erinnerung an das Trauma auslösen können, nicht zu den Hauptmerkmalen“ (Essau 2003, 72).
- Akute Belastungsstörung: Im Unterschied zur posttraumatischen Belastungsstörung treten diese Reaktionen während oder innerhalb eines Monats nach einem stark traumatisierenden Stresserlebnis auf (ebd., 75 ff.). Zunächst wird von einer begrenzten Dauer der Störung ausgegangen. Auch hier stehen intensive Ängste, Hilflosigkeit und Entsetzen im Vordergrund des Reaktionsbildes. Neben wiederholten Erinnerungen an das traumatische Ereignis, aber auch Erinnerungslücken, Vermeidung von Reizen, die mit dem Trauma in Verbindung zu stehen scheinen, sowie erhöhter Sensitivität werden in der ICD-10 weitere Kriterien genannt: sozialer Rückzug, Aufmerksamkeitseinengung, Desorientierung, Ärger und verbale Aggressivität, Verzweiflung und Hoffnungslosigkeit sowie dissoziative Amnesie (als Unfähigkeit, sich an bestimmte wichtige Aspekte des Traumas zu erinnern). Weitere bzw. andere Symptome werden im DSM IV genannt: Erleben emotionaler Taubheit, Wahrnehmungsbeeinträchtigungen sowie Derealisations- und Depersonalisationserleben (ebd., 75 f.).

Ergänzend zu diesen Störungsgruppen werden bei Essau (vgl. ebd., 77) weitere Phobien und Ängste thematisiert. Hier werden auch Schulvermeidungsverhalten und Prüfungsangst berücksichtigt, die in psychiatrischen Klassifikationssystemen nicht als eigene Kategorien Erwähnung finden. Diese für pädagogische Handlungsfelder spezifischen Ängste werden unter 4. näher beleuchtet.

Die in der ICD-10 für Kinder gesondert unterschiedenen Störungen im Hinblick auf Angst und Ängstlichkeit finden sich insbesondere in der Kategorie F 93. Es sei aber darauf hingewiesen, dass auch andere Störungen, welche die ICD-10 beschreibt, zumindest mit Ängstlichkeit einhergehen, unter Umständen auch aus Ängstlichkeit heraus entstehen: Mutismus, Bindungsstörungen, Tics, Einnässen und Einkoten, Fütterstörungen, Stereotypien, Stottern, Stammeln und Poltern. Die unter F 93 unterschiedenen Angststörungen im engeren Sinne sind die emotionale Störung mit Trennungsangst, die phobische emotionale Störung, die Störung mit sozialer Ängstlichkeit sowie die emotionale Störung mit Geschwisterrivalität (vgl. Dilling u.a. 1993, 304ff.). Während die drei erstgenannten Formen im Rahmen der Systematik nach Essau beschrieben wurden, gilt dies nicht für die letztgenannte Störungsform. Hier handelt es sich um eine Mischung von Eifersucht im Hinblick auf Geschwister sowie emotionalen Störungen, die in den Monaten nach der Geburt eines Geschwisters einsetzen.

Von grundsätzlicher diagnostischer Bedeutung ist die Beurteilung dahingehend, ob bei einem Kind oder Jugendlichen eine „normale", situations- oder entwicklungsgemäße Angst vorliegt, ob es sich eher um „Ängstlichkeit" als Persönlichkeitszug handelt oder ob eine ernsthafte Angststörung vorliegt. Im letztgenannten Falle ist die Hinzuziehung kompetenter therapeutischer Hilfe in Form eines Psychologen oder Psychiaters notwendig. Dazu ist allerdings zu sagen, dass eine Angststörung zwar in der Regel gravierender und für die betroffene Person belastender sein wird als das Persönlichkeitscharakteristikum der Ängstlichkeit, andererseits aber, wie man an der phobischen emotionalen Störung sieht, eine Angststörung nicht unbedingt die gesamte Persönlichkeit betreffen muss, sondern sich durchaus auf einen umschriebenen Bereich beschränken kann, während dem Charakterzug Ängstlichkeit, insbesondere bei starker Ausprägung, ein übergreifender Charakter zukommt.

1.3.3 Epidemiologie von Angststörungen

Bei der epidemiologischen Erfassung der Verbreitung von Störungen handelt es sich um keine einfache Aufgabe. Erstens stellt sich die Frage, welche Quellen zuverlässig sind: die Kinder und Jugendlichen selbst, Erzieher, Schulleiter, die Eltern oder die Peers? Zweitens müssen diese Quellen auch erreicht werden und ein verlässlicher Datenrücklauf gewährleist sein. Drittens ist sorgsam zu überlegen, mit welchen Instrumenten am ehesten verwertbare Erkenntnisse zu erzielen sind: Interviews, standardisierte Fragebögen, Tests, Verhaltensbeobachtungen usw.? Hier sind auch Aspekte der Ökonomie und der Grenzen realisierbarer Forschung zu bedenken. Schließlich ist bei der Betrachtung des Flickenteppichs vorliegender Studien deren tatsächliche Vergleichbarkeit zu hinterfragen: Wurde mit analogen Begriffen und Methoden gearbeitet, lassen sich Kategorisierungen zusammenfassen und anderes mehr?

Trotz all dieser Schwierigkeiten liegen mittlerweile, gerade aus den vergangenen zwei Jahrzehnten heraus, verschiedene Studien sowie auch Metaanalysen als überblicksartige Studien-Zusammenfassungen vor, welche recht verlässliche Aussagen erlauben. Sie geben Informationen zur Punktprävalenz (der Rate von Auffälligkeiten bzw. Störungen zu einem bestimmten Stichtag), zur Periodenprävalenz (Anteil der Störungen in einem umschriebenen Zeitintervall), der Lebenszeitprävalenz (als Wahrscheinlichkeit, irgendwann im Laufe des Lebens eine Störung zu entwickeln) sowie der Persistenzrate (im Sinne des Anteils länger überdauernder Problematiken).

Solche jüngeren epidemiologischen Befunde zeigen, dass psychische Störungen insgesamt außerordentlich verbreitet sein dürften. Ihle & Esser (vgl. 2002; 2008) kommen anhand einer sorgfältigen Metaanalyse seriöser Studien über mehrere Jahrzehnte zu einer Periodenprävalenz von 18 % – mithin fast einem Fünftel aller Kinder und Jugendlichen, die innerhalb eines engen zeitlichen Intervalls ausgeprägte psychische Problematiken zeigen. Im Rahmen des Kinder- und Jugendlichen-Gesundheitssurveys (KiGGS) des Robert-Koch-Instituts (vgl. Hölling u.a. 2007) ergab sich eine durchschnittliche Rate von 14,7 % Kindern, die als auffällig bzw. grenzwertig eingestuft wurden. Auch Barkmann (vgl. 2004) kam zu Raten klinisch auffälliger Kinder und Jugendlicher zwischen 10 und 18 % – je nach angelegten Kriterien. Ein recht großer Teil dieser Störungen dürfte überdauernd sein; Ihle & Esser (vgl. 2002) schätzen die Rate derjenigen Kinder und Jugendlichen, bei denen Störungen über mehrere Jahre hinweg bestehen bleiben, auf etwa 10 %. Morschitzky (vgl. 2009, 186) weist darauf hin, dass im Hinblick auf alle Altersklassen wohl mindestens jeder Vierte der Allgemeinbevölkerung im Laufe seines Lebens unter einer Angststörung leide. „Die Befragungsergebnisse mögen auf den ersten Blick unglaubhaft hoch erscheinen, sie müssen jedoch auf dem Hintergrund verstanden werden, dass laut aktueller NCS-R-Studie 46,4 % der US-Bürger mindestens einmal in ihrem Leben unter einer psychischen Störung leiden" (ebd.).

Psychische Störungen sind also wohl enorm häufig – und bei genauerer Betrachtung im Hinblick auf das inhaltliche Spektrum unterschiedlicher Problematiken stehen Angststörungen ganz vorne. Dies mag zunächst etwas überraschen, denn es entspricht keinesfalls der öffentlichen Diskussion, die von den Problembereichen Aggressivität und Gewalt sowie Aufmerksamkeits- und Hyperaktivitätsstörungen dominiert wird. Es überrascht letztlich doch weniger, denn die eben genannten Störungen erzeugen in der Regel direkte Probleme in ihrem Umfeld, auch bei den Pädagogen, was für internalisierende Störungen weniger oder gar nicht gilt. Insofern besteht allerdings die Gefahr der gesellschaftlichen Unterschätzung der Bedeutung von Angststörungen (vgl. Lieb u. a. 2003, 86). Bei Ihle & Esser (vgl. 2002) stehen Angststörungen mit einer Prävalenzrate von 10,4 % an der Spitze; an dritter Stelle folgen mit 4,4 % – nach dissozialen Störungen und gleichauf mit hyperkinetischen Störungen – depressive Problematiken, mithin eine zweite Gruppe internalisierenden Verhaltens und Erlebens. Im KiGGS stehen „emotionale Probleme", womit sowohl Ängste als auch depressive Stimmungen gemeint sind, mit einer Auffälligkeits-Prävalenzrate von 9,1 % hinter „Verhaltensproblemen" und „Problemen im Umgang mit Gleichaltrigen". Hinzu kommen allerdings nochmals 7,2 %, die im Hinblick auf emotionale Probleme als grenzwertig eingestuft werden.

Im Hinblick auf diese insgesamt recht hohen Raten von Angstproblematiken geben Essau u. a. (1999) zu bedenken, dass der Anteil von Angststörungen bei Kindern und Jugendlichen mit ernsthaften Funktionsbeeinträchtigungen im Alltag vermutlich bei ca. 3–4 % und damit deutlich niedriger liege. Lieb u. a. (vgl. 2003, 90) berichten allerdings unter Bezug auf den Deutschen Gesundheitssurvey eine 12-Monats-Querschnittsrate von 14,5 %, und auch Manz, Junge & Margraf (vgl. 2001) sowie Blatter & Schneider (vgl. 2007, 116) gehen von ca. 9 bzw. 10 % aus; ein Forschungsüberblick von Schneider (vgl. 2005, 848) fördert Periodenprävalenzraten zwischen 9,3 und 14,4 % zutage. Lebenszeitprävalenzraten liegen für alle Altersgruppen, je nach Studie, zwischen 5.6 und 28.7 %, für Kinder und Jugendliche etwa in der Mitte dieser Spanne (vgl. ebd. sowie Lieb u. a. 2003, 87; Manz u. a. 2001). Die Verbreitung von Angststörungen ist demzufolge recht hoch; quer über alle Forschungsberichte hinweg werden sie zu den am weitesten verbreiteten psychischen Störungen gezählt. Zudem erweisen sich Angststörungen im Kindes- und Jugendalter als verbreitete Vorläufer späterer Störungen im Erwachsenenalter (vgl. Nevermann 2008; Essau 2003). Viele Angststörungen beginnen bereits in Kindheit oder Jugend, so dass diese frühen Phasen als Hauptrisikoperioden für die Ausbildung von Angststörungen sowie auch weiteren Störungen im Erwachsenenalter gelten können (vgl. Schneider 2007, 262; Lieb u. a. 2003, 90 f.; Helbig & Petermann 2008, 213 f.). Im Detail manifestieren sich insbesondere soziale Phobien recht früh, hingegen Panikstörungen und Generalisierte Angststörungen, aber auch Agoraphobien frühestens ab der späten Pubertät (vgl. Runge u. a. 2008, 32). Zudem gibt es zumindest Hinweise auf eine Zunahme der Häufigkeit von Angststörungen in jüngeren Altersgruppen (vgl. Helbig & Petermann 2008, 213 f.).

Auch Angststörungen erfordern und erlauben eine weitere Subdifferenzierung, wie die Darstellungen unter 1.3.2 deutlich gemacht haben. Forschungsüberblicke finden sich bei Essau (vgl. 2003, 118 ff.) sowie Lieb u. a. (vgl. 2003). Bei Erwachsenen sind Spezifische und Soziale Phobien am stärksten verbreitet. Auch im Hinblick auf Kinder und Jugendliche stehen Phobien an vorderster Stelle mit 3–11 % Lebenszeitprävalenz (vgl. Essau 2003, 118 ff.; Schneider 2005); die von Tuschen-Caffier, Kühl & Bender (vgl. 2009, 23 ff.) zusammengetragenen Forschungsbefunde machen auf eine hohe Verbreitung gerade sozialer Ängste und Angststörungen aufmerksam. Nevermann (vgl. 2008, 266) verweist ergänzend auf eine besondere Relevanz von Trennungsängsten. Deutlich dahinter folgen Zwangsstörungen (0,4 bis 2,1 %) sowie Panikstörungen und Generalisierte Angststörungen (geschätzte 1 %). „Die Sechs-Monats-Prävalenzen der Störung mit Trennungsangst bei Achtjährigen wurde mit

2.8 % berichtet […] Die Prävalenz der Posttraumatischen Belastungsstörung beträgt zwischen 1.3 und 6 %" (Essau 2003, 118 f.).

Wie zu erwarten ergeben sich für Mädchen deutlich höhere Raten von Angststörungen. Hierzu können drei Ursachen diskutiert werden: erstens genetisch-organisch bedingte Unterschiede, zweitens unterschiedliche Erfahrungen und soziale Rollen, drittens jedoch auch (allerdings abhängig von den Erhebungsmethoden) eine höhere Mitteilungsbereitschaft des weiblichen Geschlechts im Hinblick auf Ängste. „In klinischen Settings wurden keine so großen Geschlechtsunterschiede wie in epidemiologischen Settings festgestellt" (ebd., 124). Die Altersunterschiede sind komplexer und interagieren mit der Form der Störungen, indem bestimmte entwicklungspsychologisch bezogene Störungen wie die Störung mit Trennungsangst mit fortgeschrittenem Alter seltener werden, andere, vermutlich komplexere wie Panikattacken oder Zwangsstörungen erst später überhaupt auftreten (vgl. ebd., 125). Insgesamt kann man wohl von einem leichten Anstieg der Raten von Angststörungen mit zunehmendem Alter ausgehen (vgl. Nevermann 2008, 265 f.) sowie auch davon, dass zumindest ein Teil der Störungen über Jahre aufrechterhalten bleibt (vgl. Schneider 2005, 848 f.).

Es lassen sich erhebliche Komorbiditäten unterschiedlicher Angststörungen bei Kindern und Jugendlichen feststellen, indem mehrere Angststörungsformen kombiniert auftreten (vgl. Schneider 2005). Auf der anderen Seite stehen erhebliche Komorbiditätsraten zu anderen Störungsformen – besonders starke Verbindungen finden sich zwischen Angststörungen zum einen sowie Depressionen zum anderen (vgl. Petermann & Petermann 2008, 238; Essau 2003, 132 ff.; Preisig 2002; Lieb u. a. 2003). „Aus großen sozial-epidemiologischen Studien […] geht hervor, dass reine Angststörungen ohne weitere begleitende psychische Störungen selten vorkommen" (Schmidt-Traub 2003, 119). Über alle Altersgruppen hinweg weisen Lieb u. a. (vgl. 2003, 94 ff.) auf weitere Komorbiditäten mit Substanzstörungen (Alkohol, Nikotin, illegale Drogen) (vgl. auch Schmidt-Traub 2003, 118) sowie auf mannigfaltige Komorbiditäten zwischen den einzelnen Formen von Angststörungen hin. Bei Komorbiditäten zwischen Angst und Depressivität erweisen sich Angststörungen häufig als die primär auftretenden Problematiken.

2

Eine kleine Entwicklungspsychologie der Ängste

Pädagogen sind insbesondere mit denjenigen Ängsten konfrontiert, die „normal“ für eine bestimmte Lebensphase sind. Sie ergeben sich aus dem Entwicklungsstand der Kinder und Jugendlichen, aber auch aus den jeweiligen Entwicklungsaufgaben in bestimmten Phasen. Trotz dieser „Entwicklungs-Normalität“ können gerade solch Ängste auch eine spezifische pädagogische Reaktion erfordern. Wichtiger ist es jedoch einzuschätzen, ob und inwiefern eine Angstreaktion entwicklungsabweichend auftritt und insofern besonderer Aufmerksamkeit bedarf. Dafür sind grundlegende Kenntnisse der regulären Entwicklung unverzichtbar. Im Folgenden werden zu diesem Zweck, bei Sichtung einschlägiger entwicklungs- sowie angstpsychologischer Literatur, einige Ängste des Kindesalters herausgearbeitet (vgl. Dornes 1993; 1997; Nickel 1979, 285–288; Nickel & Schmidt-Denter 1995, 69–75; Heiliger 1972; Wollmann 1979; Schenk-Danzinger 1991; Rauh 2002; Oerter 2002; Oerter & Dreher 2002; Hülshoff 1999; Schneider 2005).

In der Tat ist jede Entwicklungsphase gekennzeichnet von Angst als einem dazugehörigen Aspekt: Kein Kind lernt gehen, kommt in die Schule, kein Jugendlicher oder junger Erwachsener verlässt das Elternhaus ganz ohne Angst. Insofern gibt es entwicklungsgemäße Ängste, es gibt „typische" Ängste für bestimmte Entwicklungsphasen. Sie hängen eng mit den Entwicklungsaufgaben zusammen, die sich in einer bestimmten Lebensphase stellen. „Typisch für die weit verbreiteten Ängste im Kindesalter ist, dass sie mild in der Intensität, altersspezifisch und vorübergehend sind. Zudem scheinen die Inhalte der Angst in engem Bezug zur kognitiven Entwicklung des Kindes zu stehen" (Adornetto & Schneider 2009, 259). Gefühle können dabei als Erkenntnisse durchaus fehlbar sein; sie lassen sich jedoch nicht korrigieren, indem man sie einfach beseitigt, ausschaltet, sondern nur, indem man sie annimmt als etwas Wichtiges, zum Menschen Gehörendes und sich mit ihnen auseinandersetzt.

Angst zählt neben Freude und Ärger zu den ersten Emotionen, die Kinder zeigen. Grundsätzlich ist entwicklungspsychologisch relativ klar gesichert, dass „der vollausgeprägte Ausdruck für Furcht erstmals zwischen sechs und acht Monaten erscheint" (Dornes 1993, 117). Damit sind insbesondere die für den Furchtausdruck typische Mimik und das Verhalten gemeint. Es gibt einige Reizbedingungen, die bereits im ersten Lebenshalbjahr Furchtreaktionen hervorrufen: Dies sind zum einen intensive und vor allen Dingen plötzlich einsetzende sensorische Reize, darunter laute Geräusche sowie auch der Verlust von Zuwendung (vgl. Steinhausen 2006a, 172; Adornetto & Schneider 2009, 260). Auch Schmerzerleben gehört hierzu, des Weiteren sich plötzlich annähernde Objekte sowie das Erleben von Höhe (vgl. Wilkening & Krist 2002, 402).

Neben diesen angeborenen Furchtreaktionen sind die meisten Ängste schon im frühen Kindesalter erlernt. Dafür kommen die drei grundlegenden Lernformen in Frage (vgl. auch 3.2.1):

- Klassisches Konditionieren: Schenk-Danzinger (1991, 98 f.) weist darauf hin, dass diese Form der Angstkonditionierung gerade im Vorschulalter häufig auftritt – sie spricht von „emotionalen Konditionierungen": „Bei dieser Art der Konditionierung können *zufällige Begleitumstände erfreulicher Erlebnisse* mit *positiven Emotionen* besetzt werden, die sich als nachhaltiger erweisen als die Erinnerung an das eigentliche Erlebnis. Ein Kind kann etwa ein Haus besonders lieben, weil es dort freundlichen Menschen begegnet ist, lange nachdem diese Menschen von dort verzogen sind. Desgleichen werden *zufällige Begleitumstände unlustbetonter*, vor allem *angsterregender Ereignisse* mit *negativen Emotionen* besetzt, die ebenfalls nachwirken, nachdem das eigentliche Erlebnis schon vergessen worden ist" (ebd., 98 f.). Schenk-Danzinger bezeichnet die Neigung des Kindes zu „globalen emotionalen Besetzungen" der Umwelt als Ursache dafür, dass das Kind letztlich zu kaum einem bekannten Objekt, einer Person oder Situation eine völlig neutrale Haltung einnehme: „Die meisten Dinge der kindlichen Umwelt sind brav oder schlimm, freundlich oder unfreundlich, haben eine angenehme oder unangenehme *Physiognomie*" (ebd., 99).

- Operantes Konditionieren: Insbesondere kleine Kinder, bei denen kognitive Prozesse (der Informationsverarbeitung) noch eingeschränkt verlaufen, lernen sehr stark durch die Konsequenzen in Situationen: Wird eine Situation, eine Person oder ein Objekt aufgrund negativer Konsequenzen als unangenehm (aversiv) erlebt, so entwickelt sich Angst. In Anlehnung an die Zwei-Phasen-Theorie der Erklärung von Angst (siehe 3.2.1) weist Schenk-Danzinger (1991, 100) darauf hin, dass Angstkonditionierungen oft schon durch eine einmalige negative Erfahrung entstünden und sehr schwer zu löschen seien.
- Modelllernen: Es lassen sich deutlich positive Korrelationen der Ängste zwischen Müttern und ihren Kindern zeigen, insbesondere für Mädchen. Als Beispiel nennt Nickel (vgl. 1979, 286) Ängste vor Gewitter, wobei das Kind die Angstreaktion der Erziehungsperson erlebt und (imitierend) übernimmt. „Stellvertretendes" Angst-Lernen kann auch durch die Beobachtung der Bestrafung eines Geschwisters oder Spielkameraden sowie dessen (beobachtete) Angstreaktion zustande kommen.

Zunehmend bestimmen auch kognitive Prozesse die Entstehung und Ausdifferenzierung von Ängsten. Als frühes Beispiel kann das „Fremdeln" gegenüber unbekannten oder wenig vertrauten Personen dienen, welches in der Regel in der zweiten Hälfte des ersten Lebensjahres auftritt. Eine der wichtigsten Erklärungen sieht das Fremdeln letztlich als einen Entwicklungsschritt: Das Kind ist nun in der Lage, die Diskrepanz zwischen dem (unbekannten) Gegenüber und den bekannten Erziehungspersonen zu erkennen. Hülshoff (vgl. 1999, 67) weist auf das Entstehen einer „Separationsangst" (Verlustangst) um das 2. Lebensjahr herum hin. Das Kind wird fähig und motiviert, die Welt zu erkunden – damit sind auch Ängste verbunden, Sicherheiten zu verlieren. „Zu symbiotischen Syndromen kann dies eskalieren, wenn es den Eltern nicht gelingt, die Eigenständigkeit ihrer Kinder zu fördern und gleichzeitig als Sicherheit gebende Instanz im Hintergrund zu sein" (ebd.).

Später, wenn sprachliche Vermittlung möglich ist, führen ganz einfach auch Warnungen der Eltern zu Ängsten – wenn das Kind die Warnungen ernst nimmt und versteht. Aus den bisher genannten Quellen speisen sich „Realängste" von Kindern: „Das ist Angst vor echten Gefahren, ein zweckmäßiges, lebenserhaltendes Warnsignal" (Schenk-Danzinger 1991, 96). Dabei weist Schenk-Danzinger darauf hin, dass bereits im Vorschulalter unter zwei Bedingungen übertriebene Angst entstehen könne: zum einen im Falle überängstlicher Eltern, die das Kind schützen wollen, dabei einschränken und unselbständig halten – und die ihre eigene Angst auf das Kind übertragen; zum anderen im Falle der Überforderung des Kindes von Seiten der Eltern.

Des Weiteren zählt sie zu den Realängsten die Strafangst, auch die Strafe des Gewissens (mit problematischen Folgen bei zu häufigen und zu strengen Strafen) sowie Trennungsängste (siehe das „Fremdeln"). Und: „Angst entsteht auch, wenn Kindern gedroht wird, man werde sie – zur Strafe – *fremden Leuten* geben, *hinauswerfen, in ein Heim schicken.* In den meisten Fällen sind solche Drohungen gar nicht ernst gemeint, aber das weiß das Kind vorerst nicht" (ebd., 98).

Auch ein Schulkind kann dies noch nicht immer sicher beurteilen. Nickel (1979) betont, dass es aufgrund der eingeschränkten kognitiven Möglichkeiten des Kindes (Situationen zu verstehen und zu durchschauen) auch häufiger zu nicht-nachvollziehbaren oder unbegründeten Ängsten kommt – das Kind schätzt das Typische einer Situation oder die Ursachen einer wahrgenommenen Angst bei der Mutter falsch ein. Insofern sind auch für Erwachsene nicht nachvollziehbare Ängste bei kleinen Kindern in gewissem Sinne häufig „entwicklungstypisch". Auch im Hinblick auf Schulkinder gilt es, dies noch zu beachten: Dass Lehrer eine Situation einschätzen können, bedeutet noch nicht, dass Gleiches auch den Kindern möglich ist. Des Weiteren ist dies bei der Arbeit mit solchen Kindern zu bedenken, die durch erhebliche, insbesondere kognitive Entwicklungsverzögerungen gekennzeichnet sind, etwa Kinder mit Geistigen Behinderungen.

> „Mit fortschreitender Differenzierung und Ausweitung der kognitiven Strukturen ändern sich auch die Ursachen für kindliche Ängste. So nimmt die Angst vor fremden Personen mit der Erweiterung der sozialen Beziehungen im allgemeinen ab, auch die Angst vor Tieren oder unbekannten Objekten wird mit zunehmender Erfahrung geringer. Dagegen treten mehr Ängste symbolischer Art auf, insbesondere vor unbekannten Wesen und Phantasiegestalten, auch Angst vor Dunkelheit und damit verbundenen Gefahren [...] Dabei spielt die [...] Tatsache eine wichtige Rolle, daß auch Vorstellungen Angst auslösen können, die nur verbal vermittelt wurden“ (Nickel 1979, 287).

Solche Ängste dominieren insbesondere zwischen zwei und vier Jahren (vgl. Adornetto & Schneider 2009, 260). Hierzu gehören die klassischen Ängste (mit ihren modernen Varianten): vor Gespenstern, vor dem „schwarzen Mann“, vor Wolf oder Hexe – insbesondere, wenn diese von den Eltern als „Erziehungsmittel“ eingesetzt werden.

Hier nennen Hülshoff (vgl. 1999), aber auch Schenk-Danzinger (vgl. 1991, 98) sogenannte „magische Ängste“, die oft durch ungeschicktes Verhalten von Erwachsenen entstünden: „Es handelt sich um Ängste vor der *beeinträchtigenden Einwirkung magischer Kräfte* wie Hexen, Geistern, Feen, Zauberern u. ä.“ (ebd.). Neben dem Verhalten Erwachsener ist das Kind diesbezüglich jedoch auch selbsttätig: „Manche überempfindliche Kinder übertragen auch solche Drohungen des *Märchengeschehens* auf sich“ (ebd.). Klassisch sind Ängste vor Dunkelheit und vor Gespenstern. Eine grundsätzliche Angst im Alter von 3–5 Jahren ist die „Nachtangst“.

Schenk-Danzinger (vgl. 1991, 100 f.) geht davon aus, dass insbesondere im dritten und vierten Lebensjahr gehäuft Ängste ohne jeden erkennbaren Grund auftreten. Sie erklärt dies psychoanalytisch als „frei flottierende Angst“ im Sinne der in dieser Phase einsetzenden Gewissensbildung, die zur Verdrängung unerlaubter Triebwünsche und zur Entstehung der Abwehrmechanismen führe (siehe 3.2.3). „Da es sich um unbewusste Prozesse handelt, kennt das Kind ihre Ursachen nicht. Es kann die Angst nur beherrschen, indem es sie an irgendeinen Gegenstand oder an eine Situation *‚bindet'*, die es dann gänzlich vermeiden kann oder der es nur in Begleitung des Erwachsenen zu begegnen bereit ist" (ebd., 100 f.). In der Regel verschwänden diese Ängste durch Stabilisierung der inneren Dynamik mit etwa fünf bis sechs Jahren.

Insbesondere in der Zeit zwischen 2 und 5 Jahren, so Nickel & Schmidt-Denter (vgl. 1995, 72), nimmt die Zahl der Ängste vor vorgestellten (imaginären) Dingen erheblich zu. Konkrete Ängste reduzieren sich, auch die Zahl angstauslösender Situationen, weil das Kind zunehmend differenzieren kann: z. B. zwischen dem gefährlichen Wachhund und dem harmlosen kleinen Pinscher. Auch die Angst vor Unbekanntem nimmt wieder ab, weil dieses zunehmend besser und schneller eingeordnet werden kann.

Die Macht der Imagination kann auch zu Problemen führen: So schreibt sich das Kind, durchaus unter Umständen auch noch im frühen Schulalter, häufig eine „imaginative Allmacht" zu, wodurch es geschehen kann, dass es sich für Dinge verantwortlich erklärt, die de facto außerhalb seiner Macht stehen – etwa eine drohende Trennung der Eltern, hinsichtlich derer dann Schuldgefühle und Angst vor eigener Verantwortlichkeit erlebt werden.

Konkrete Ängste, „Umweltängste", kennzeichnen die Kindergarten- und Vorschulalter-Zeit (vgl. Hülshoff 1999; Steinhausen 2006a, 172; Adornetto & Schneider 2009, 260): die Angst vor Naturkatastrophen wie Feuer oder Überschwemmungen, vor Verletzungen oder vor Tieren, etwa Hunden oder Pferden. „Dieses Alter ist durch die Tendenz der Kinder geprägt, die Umwelt kritisch zu sichten und zu analysieren" (ebd.). Wird die Realität unangenehm und scheint nicht bewältigbar, erfolgt die Flucht in imaginäre Welten – mit entsprechenden möglichen Ängsten. Zu dieser vorschul-kindlichen Realität sind auch medienbasierte Ängste zu zählen.

Insbesondere in den ersten Grundschulklassen treten dann Leistungsängste in besonderem Maße auf (aufgrund der Phase des ökologischen Überganges in die Schule; vgl. Nickel & Schmidt-Denter 1995, 73; Steinhausen 2006a, 172; Schneider 2005, 840 f.) – als Angst vor schlechten schulischen sowie sportlichen Leistungen, Angst vor dem Versagen sowie vor der Blamage gegenüber Lehrern und Mitschülern.

Es müssen erst entsprechende Bewältigungsmechanismen aufgebaut werden. In dieser Phase können ganz unterschiedliche Schulängste leistungsbezogener und sozialer Art aufkommen und sich durchaus verfestigen. Da in dieser Zeit allerdings wichtige neue Schritte der erweiterten Sozialisation gegangen werden, sind hier auch Sozialisationsängste festzustellen: Angst vor Mitmenschen, etwa Schulkameraden, oder auch die der Angst in Leistungssituationen analoge Angst, sozial zu versagen.

Ganz neue Ängste erscheinen dann in der Pubertät. Hier verändert sich vieles: Körperlichkeit, soziale Bezüge, Anforderungen, unmittelbare Zukunftsperspektiven. Der Aufbau und die Weiterentwicklung von Sozialbeziehungen sind in dieser Phase von großer Bedeutung und dementsprechend auch die Angst vor der Ablehnung durch Gleichaltrige (vgl. Steinhausen 2006a, 172). Aber in dieser Phase wird auch das Bewusstsein und Erleben des „existentiellen" In-die-Welt-geworfen-Seins besonders klar, der Alleinverantwortlichkeit für sich selbst, die eigenen Entscheidungen sowie die Gestaltung des weiteren Lebens mit dem Risiko, (erhebliche) Fehler zu begehen, vieles falsch zu machen. Besondere Ängste, die hier auftreten, sind daher diejenigen vor Verantwortlichkeit, vor der Zukunft und insbesondere der Entwicklung in den nächsten Jahren, vor Versagen, vor Einsamkeit und vor dem Tod. Es ist davon auszugehen, dass gerade hier die (zunehmend bewusst erlebten) eigenen, mehr oder weniger günstigen soziokulturellen Lebensbedingungen das Entstehen von Ängsten stark bestimmen. Bei der Altersgruppe der 12–18-Jährigen verortet Schneider (vgl. 2005, 840) auch das Entstehen komplexerer Angstproblematiken: soziale Phobien, Agoraphobien und Panikstörungen.

Wenn man „den Spieß umdreht", könnte man nicht nur fragen, inwiefern Entwicklung die Ängste beeinflusst und prägt, sondern auch, inwiefern stärkere Ängste sich in verschiedenen Bereichen entwicklungshemmend auswirken mögen. Dies wird unter 4. im Hinblick auf kognitive Leistungen noch Thema sein.

3

Risikofaktoren und Theorien zur Erklärung von Ängstlichkeit und Angststörungen

Der Reigen psychologischer Erklärungskonzepte für Angst ist mittlerweile sehr umfangreich. Es finden sich auch verschiedene, sehr spezifische Konzepte zum Verständnis einzelner Angststörungen (vgl. Essau 2003, 170 ff.). Wenn es hier um die Herausarbeitung von Konsequenzen für pädagogische Förderung geht, sind allerdings die ganz grundlegenden Gedanken und Verstehensweisen zentraler Theorien zu Angst von Bedeutung, denn sie erklären nicht allein Angst als zentralen menschlichen Affekt, sondern können ebenso auch dazu dienen, die Entstehung und Aufrechterhaltung von Ängstlichkeit und Angststörungen zu durchdringen und auf diesem Weg hilfreich sein, um zu differenzierten Ansatzmöglichkeiten für Prävention und Intervention zu kommen.

Vorab sollen jedoch verschiedene zentrale Risikofaktoren diskutiert werden, die wiederum für die komplexeren Konzeptionen theoretischer Herangehensweisen von Bedeutung sind.

3.1 Risikofaktoren

Im Hinblick auf Prävention und Früherkennung der Gefahren des Entstehens von Angstproblematiken könnte das Kennen besonderer Risikofaktoren hilfreich sein. Dabei handelt es sich um solche Faktoren, die mit erhöhter Wahrscheinlichkeit dazu beitragen, dass sich bei einer Person innerhalb eines bestimmten Zeitraums eine Störung ausbildet. Es handelt sich also um empirisch ermittelte Zusammenhänge (vgl. Schneider 2005, 858). Vorab müssen Risikofaktoren von soziodemographischen Faktoren unterschieden werden. In verschiedenen Untersuchungen ergeben sich Korrelate von Angststörungen, also überzufällig häufig parallel auftretende Faktoren. Diese können jedoch nur bedingt als Risikofaktoren gelten, da für letztere nachgewiesen werden müsste, dass sie vor der Angstproblematik auftraten.

Aus einem Forschungsüberblick von Lieb u. a. (vgl. 2003, 92 ff.) ergeben sich folgende soziodemografische Korrelate zu Angststörungen in allen Altersgruppen: weibliches Geschlecht, Status als allein lebend, geschieden oder verwitwet, fehlende Berufstätigkeit sowie geringere Bildung. Im Falle der Berufstätigkeit lässt sich schlüssig zeigen, dass diese kein Risikofaktor sein muss, indem ja auch die umgekehrte Kausalität von einer ausgeprägten Angststörung zum Verlust oder Aufgaben des Arbeitsplatzes oder auch einer dauernden Arbeitsunfähigkeit führen könnte.

3.1.1 Biologische Faktoren und Geschlecht

Es wird mittlerweile davon ausgegangen, dass bei der Entwicklung von Angststörungen auch genetische Anteile eine Rolle spielen (vgl. Helbig & Petermann 2008, 215 f.; Merikangas u. a. 2003). Schmidt-Traub (vgl. 2003; 115 f.) berichtet sogar über recht hohe genetische Anteile für Panikstörungen und generalisierte Angststörungen. In anderen Zusammenfassungen von Forschungsbefunden liegen die Schätzungen der Bedeutung von Genetik zwischen 30 und 50 % der Varianzaufklärung für Ängstlichkeit bzw. Neurotizismus (vgl. Schneider 2005; Krohne 2010). Damit bleibt allerdings noch ein großer Anteil von unspezifischen, für alle Familienmitglieder gleichen sowie von spezifischen, auf später besonders ängstliche Kinder wirkenden Umwelteinflüssen. Das Verhältnis von Genetik und dem Wirken (früher) Familieneinflüsse ist noch nicht definitiv geklärt.

Krohne (vgl. 2010, 318) stellt Forschungsbefunde zusammen, die zeigen, dass neben verschiedenen komplexen biologischen Bedingungen möglicherweise insbesondere die Höhe des Serotoninspiegels für erhöhte Ängstlichkeit mit verantwortlich sein könnte.

Der Faktor Geschlecht wird hier mit erwähnt, aber gesondert genannt, denn ihm kommt eine schillernde Rolle zu: Zwar ist das Geschlecht ein definitiver Risikofaktor für das Entstehen von Angststörungen, indem Mädchen 2–4-mal höhere Raten an Angststörungen aufweisen als Jungen (vgl. Schneider 2005, 866). Allerdings ist die Bedeutung dieses Parameters unklar: Handelt es sich um biologische Unterschiede oder eher um einen Faktor der Geschlechtsrollensozialisation und -orientierung, auch des offeneren Umgehens mit und Berichtens über Ängste (vgl. Krohne 2010, 320 ff.)? Vieles spricht stärker für die letztgenannten Faktoren.

3.1.2 Temperament

Unter Temperament versteht man die grundlegende Antriebs- und Stimmungsstruktur eines Menschen (vgl. Fröhlich 1994, 396). Eine besondere temperamentbedinge Disposition ist die Verhaltenshemmung („Behavioral Inhibition“; vgl. Schneider 2005, 860 f.), die Tendenz, auf neue Situationen zunächst mit Vorsicht, Zurückhaltung, Hemmung und möglicherweise auch Rückzug zu reagieren. Es wird vermutet, dass diese Tendenz genetisch bedingt ist – und es gibt deutliche Hinweise auf ihre Stabilität bis ins frühe Erwachsenenalter hinein (vgl. ebd.). Lieb u. a. (2003, 93) weisen auf zweierlei hin: Zum einen zeigt sich bei Kindern von Eltern mit einer Angststörung eine im Schnitt höhere Verhaltenshemmung; und zum anderen gibt es epidemiologische Erkenntnisse dahingehend, dass zwischen dem Vorliegen einer „Behavioral Inhibition“ in der Kindheit und der späteren Entwicklung einer Angststörung Zusammenhänge bestehen. Helbig & Petermann (vgl. 2008, 216) sehen diesen Zusammenhang speziell für Soziale Phobien, Beesdo (vgl. 2006) zeigt dessen Bedeutung empirisch für Generalisierte Angststörungen bei Jugendlichen und jungen Erwachsenen beiderlei Geschlechts.

Asendorpf (vgl. 2002) sieht einen bestimmten Zusammenhang zwischen Verhaltensgehemmtheit und Schüchternheit: In einem Zweifaktorenmodell nimmt er auf Basis der vorliegenden Befunde an, dass Verhaltensgehemmtheit gegenüber Fremden als Temperamentsmerkmal sowie davon unabhängige Erlebnisse sozialer Ablehnung in der Familie zu Schüchternheit führen. Diese wiederum erhöht möglicherweise das Risiko für das Entstehen insbesondere sozialer Phobien.

3.1.3 Familiäre Grundbedingungen

Familiäre Belastungen mit Angststörungen stellen einen der wichtigsten Faktoren für die Wahrscheinlichkeit des Entstehens von entsprechenden Störungen bei Kindern und Jugendlichen dar (vgl. Lieb u.a. 2003, 93; Merikangas u.a. 2003; Bandelow u.a. 2004; Asendorpf 2002). Offen bleibt die Frage, ob hier stärker genetische oder Umweltfaktoren eine Rolle spielen – die Befundlage scheint eher für Letzteres zu sprechen (vgl. ebd., 249 ff.), etwa durch Prozesse des Modelllernens (vgl. 3.1.4).

Diskutiert werden auch Einflüsse der Geschwisterkonstellation; hier ist die Befundlage aber sehr unklar (vgl. Krohne 2010, 323), und es sind sicher verschiedene moderierende Faktoren zu berücksichtigen. Auch die mögliche Bedeutung pränataler und geburtlicher Einflüsse ist Krohne zufolge noch recht offen. In der Diskussion sind mütterlicher Stress, Frühgeburten und Geburtskomplikationen (vgl. ebd., 319 f.).

Eindeutiger lässt sich zeigen, dass ein niedriger sozioökonomischer Status sowie die Zugehörigkeit zu einer ethnischen Minderheit mit höheren Angstwerten korrelieren. Für die Erklärung dieses Phänomens kommen allerdings wiederum verschiedenste Faktoren in Frage (vgl. Krohne 2010, 323 ff.): besondere Stressoren, die Konfrontation mit bezogen auf den eigenen (sub)kulturellen Hintergrund inkompatiblen Normen, Ansprüchen und Werten sowie auch geringere Ressourcen und Kompetenzen zur Bewältigung des Stresses. In der World-Vision-Kinderstudie (vgl. Hurrelmann u.a. 2010) gaben besonders Kinder aus sozial schwachem Milieu in erheblichem und deutlich stärkerem Maße verschiedenste Ängste an, dabei insbesondere Angst vor schlechten Noten sowie Angst vor Arbeitslosigkeit der Eltern.

3.1.4 Eltern-Kind-Beziehung

„Die Rolle des elterlichen Verhaltens sowie der Eltern-Kind-Interaktion bei der Entstehung sozialer Ängste ist aufgrund ihrer Komplexität noch weitgehend ungeklärt“ (Helbig & Petermann 2008, 217). Auch Lieb u. a. (2003) schließen aus ihrem Forschungsüberblick, dass es dazu bisher nur wenige Untersuchungen und auch kein sehr klares Bild familiärer Risikofaktoren gibt. Für die hier betrachteten familiären Bedingungen wie auch im Hinblick auf die weiter unten angesprochenen Traumatisierungen gilt es zu bedenken, dass diese Faktoren in den meisten Untersuchungen retrospektiv über Befragung von Angstpatienten, also über deren Erleben in der Rückerinnerung erhoben wurden. Dies klingt allerdings negativer und unklarer, als es sich darstellt: Trotz der gebotenen Vorsicht angesichts der Forschungsbefunde dürfte im Gesamtbild ganz grundsätzlich vier besonderen Faktoren der Eltern-Kind-Beziehung beträchtliche Bedeutung zukommen: erstens dem Modelllernen, zweitens der Frage von Bindung, drittens den elterlichen Erziehungsstilen und viertens den in der Kindheit gemachten Kontrollerfahrungen. Daher sollen dem einige etwas ausführlichere Darstellungen gewidmet sein.

Modelllernen

Auf die Verbindung von elterlichen psychischen Störungen, insbesondere hier Angststörungen, mit dem Entstehen von Problematiken bei den Kindern, darunter wiederum auch Angststörungen, wurde bereits im Hinblick auf die Frage genetischer Ursachen hingewiesen. Überängstliches Elternverhalten kann jedoch auch selbst über Prozesse des Modelllernens wirken: Überstarke Vorsicht, Vermeidungsverhalten sowie generelle Ängstlichkeit mögen dann von den Kindern übernommen werden. Bei Essau (vgl. 2003, 185) finden sich hierzu empirische Belege. Über das Modelllernen können auch Wahrnehmungs- und Gedankenmuster geprägt werden, überstarke Befürchtungen zu entwickeln oder nach Gefahrenreizen und Risiken direkt Ausschau zu halten.

Bindung

Bindung (attachment) meint „ein lang andauerndes affektives Band zu bestimmten Personen, die nicht ohne weiteres auswechselbar sind" (Spangler & Zimmermann 1999, 172). Auf Basis der Bindungsforschung, ausgehend von den Arbeiten Bowlbys und dann analysiert und ausdifferenziert durch die Forschergruppe um Ainsworth, wurden drei Bindungsstile und vier Bindungstypen beschrieben: unsicher-vermeidend, sicher-balanciert, ambivalent-unsicher sowie die Komponente der Desorganisation-Desorientierung (vgl. Petermann, Kusch & Niebank 1998). Die letztgenannte D-Komponente wird in der Regel nur mit einer der anderen kombiniert beobachtet und festgestellt. Es konnte gezeigt werden, dass die Entstehung unterschiedlicher Bindungsmuster offenbar insbesondere mit bestimmten mütterlichen Verhaltensweisen zusammenhängt. Dabei spielt auch die Ängstlichkeit der Mutter selbst eine Rolle (vgl. Krohne 2010, 327).

Sichere Bindung dürfte ein protektiver Faktor im Hinblick auf die Angstentwicklung sein. Hingegen tragen gerade unsicher-ambivalente, noch stärker aber unsicher-desorganisierte Muster zu stärkerer Angstentwicklung bei; Scheidt & Waller (vgl. 2005) weisen auf die problematische Bedeutung unsicher verwickelter Bindungen hin. „Die unsicher/vermeidende Bindung scheint [...] eher ein Vorläufer repressiver Angstbewältigung zu sein" (Krohne 2010, 327). Allerdings ist hier auch eine entsprechende „Angstbereitschaft" der Kinder mit zu bedenken. „Das Konzept der Bindung ist in besonderem Maße geeignet, sozialisationsbezogene Antezedenzien der Angst aufzuzeigen, die in der frühen Kindheit relevant werden. Aber natürlich muss auch in späteren Jahren mit speziellen Einflüssen aus der Sozialisation gerechnet werden" (ebd., 328). Auf verschiedene Zusammenhänge zwischen Bindungsmustern sowie Bindungsstörungen einerseits und Angststörungen andererseits weisen auch Scheidt & Waller (2005) hin. In Studien ließen sich ungünstige Zusammenhänge im Hinblick auf unsichere sowie auch desorganisierte Bindungsrepräsentationen zeigen. Es gibt Hinweise darauf, dass sich die Eltern späterer Patienten mit sozialen Angststörungen weniger fürsorglich und stärker überprotektiv verhielten (vgl. Merikangas u. a. 2003, 34). Schneider (vgl. 2005, 862) weist allerdings darauf hin, dass es zum Zusammenhang zwischen Bindung und Angstproblematiken noch deutlichen Forschungsbedarf gibt.

Erziehungsstile

Unter Erziehungsstilen versteht man überdauernde, typische Komplexe von Erziehungspraktiken. Im Hinblick auf die Entstehung von Ängsten stehen vor allem die Faktoren der emotionalen Wärme oder Zugewandtheit sowie der Überbehütung im Vordergrund der Aufmerksamkeit. Schneider (vgl. 2005, 863) sieht auf Basis des Forschungsstandes die Kombination als entscheidend: zum einen hohe Überbehütung und Kontrolle, zum anderen zugleich wenig emotionale Wärme bzw. Feinfühligkeit gegenüber dem Kind. Asendorpf (vgl. 2002, 251) weist darauf hin, dass sowohl Überbehütung als auch gegenteilig Ablehnung insbesondere zu sozialen Ängsten bis ins Erwachsenenalter führe: Durch die Überbehütung entstehe eine Einschränkung sozialer Kompetenzen, durch die Ablehnung ein negatives soziales Selbstwertgefühl. Nach Krohne (vgl. 2010, 328 ff.) sind auf Basis des Forschungsstandes drei Faktoren des Elternverhaltens für Ängstlichkeit des Kindes verantwortlich: tadelnde, einschränkende sowie inkonsistente Erziehung. Als moderierend wirkt elterliche Unterstützung und vermag den problematischen Einfluss der drei genannten Merkmale zumindest teilweise auszugleichen. „Daneben scheint die Möglichkeit zu bestehen, dass eine erhöhte Aversivität eines Elternteils durch vermehrte Unterstützung des anderen Elternteils kompensiert wird" (ebd., 329 f.).

Bei retrospektiven Untersuchungen ließ sich zeigen, „dass Kinder mit Angststörungen ihre Familien als weniger akzeptierend und Autonomie gewährend [...], weniger kontaktfreudig und unterstützend sowie konfliktreicher und verstrickter [...] erlebten als Kinder ohne Angststörungen" (Schneider 2005, 846). Schneider (vgl. ebd.) weist auf weitere Befunde hin, die zeigen, dass die Geschwisterinteraktionen als konflikthafter, stärker gegenseitig kontrollierend und weniger emotional warm beschrieben werden. Was die Eltern angeht, so gehen Helbig & Petermann (vgl. 2008, 218) davon aus, dass insbesondere das mütterliche Verhalten ein bedeutsamer Faktor für das mögliche Entstehen sozialer Ängste sei. Blatter (vgl. 2008) fand in Untersuchungen zu Kindern mit Trennungsangst allerdings keine Hinweise auf besondere „Verstricktheit" in den Familienmustern; wohl jedoch ergab sich hier, dass die Eltern durch ihr spezifisches Verhalten in Trennungssituationen und über bestimmte familiäre Identifikationsmuster zur Aufrechterhaltung der Störung beitrugen: häufigeres Hinschauen bei und längere Vorbereitung auf Trennungssituationen; stärkeres Angsterleben auch seitens der Eltern; familiäre Sonderrolle für die Kinder.

„Speziell für die Soziale Phobie konnten Lieb et al. [...] zeigen, dass sowohl elterliche Überbehütung als auch elterliche Zurückhaltung mit einer höheren Lebenszeitprävalenz einhergehen" (Lieb u. a. 2003, 94). Hinsichtlich der familiären Atmosphäre als solcher ergaben sich bisher keine klaren Zusammenhänge (vgl. auch Merikangas ua. 2003, 34). Auch elterliche „Sensitivierung" könnte zur Entstehung von Ängsten einen Beitrag leisten, indem Kinder hierdurch lernen, ihre Aufmerksamkeit zu stark und damit in störender Weise auf ihre Ängste zu richten (vgl. Merikangas u. a. 2003, 34).

Kontrollerleben

Ergänzend soll auf den Aspekt der erlebten Kontrolle in der (frühen) Kindheit aufmerksam gemacht werden. Dieser hängt eng mit Erziehungsstilen zusammen, wird im Rahmen dieser Thematik jedoch nicht immer spezifisch herausgearbeitet. Schneider (vgl. 2005, 863 f.) weist darauf hin, dass ein stark kontrollierendes familiäres Umfeld mit der Entwicklung einer hohen externalen Kontrollüberzeugung der Kinder einhergeht: dass man selbst die Dinge nicht kontrollieren könne, sondern von Einflüssen des Umfeldes oder auch Glück und Zufall abhängig sei. Denkbar wären aber auch die Unkontrollierbarkeit und Unvorhersagbarkeit des elterlichen Verhaltens, etwa durch mangelnde Empathie für das Kind, durch Impulsivität oder auch das seitens des Kindes nicht einschätzbare Oszillieren zwischen Strenge und Permissivität. Diese sich entwickelnde externale Kontrollüberzeugung wiederum korreliert mit der Ausprägungsstärke von Angstsymptomen. Hier bestehen enge Verbindungen zur Theorie der Erlernten Hilflosigkeit, die unter 3.2.5 erörtert wird.

3.1.5 Kritische Lebensereignisse und Traumatisierungen

Retrospektiv berichten Jugendliche mit Angststörungen von mehr kritischen Lebensereignissen und -bedingungen (vgl. Essau 2003, 196 f.). Allerdings ist auch zu berücksichtigen, welche Copingstrategien die

Betroffenen im Umgang mit solchen Situationen einsetzen. Die Frage, inwiefern belastende Lebensereignisse potenzielle Risikofaktoren für die Entstehung von Angststörungen sein könnten, wurde in epidemiologischen Studien untersucht. „Fast durchgängig konnte ein Zusammenhang speziell zwischen Gewalterfahrungen in der Kindheit und dem Berichten von Angststörungen aufgezeigt werden" (Lieb u. a. 2003, 93). Es ergaben sich spezifischer auch Hinweise auf die problematische Bedeutung von sexuellem Missbrauch. „Für andere belastende Lebensereignisse wie *Scheidung der Eltern, Tod eines Elternteils, frühe Trennung von den Eltern* sind in den vorhandenen Studien die Ergebnisse relativ uneinheitlich" (ebd.). Allerdings verweisen Scheidt & Waller (vgl. 2005, 367) auf deutliche Hinweise der Relevanz von Ereignissen wie Verlust eines Elternteils, frühe Trennung, Misshandlungen, Missbrauch und Alkoholismus der Eltern für die Entstehung von Angstproblematiken bei den Kindern. Auch in einer Untersuchung von Bandelow u. a. (2004) ergaben sich klare Zusammenhänge zwischen sozialen Angststörungen und traumatischen Kindheitserlebnissen. Neben Gewalterfahrungen und sexuellem Missbrauch traten hier aber auch Hinweise auf die Bedeutung von Erfahrungen der Elternscheidung, der Trennung von den Eltern, Erkrankungen des Kindes und weitere Aspekte in den Vordergrund. Am bedeutsamsten waren jedoch frühkindliche Trennungserfahrungen. Ebenso lassen sich für Schulangst Verbindungen zu Trennungserlebnissen, Verlusten, schweren Erkrankungen und Tod eines Familienmitglieds zeigen (vgl. Flakierska-Praguin, Lindström & Gillberg 1997, 17 ff.; Lafreniere & Capuano 1997, 551 ff.).

Generell gelten Lebensereignisse allerdings als unspezifische Risikofaktoren, da sie ganz unterschiedliche Störungen nach sich ziehen können (vgl. Helbig & Petermann 2008, 219) – und da sie, in Abhängigkeit von den personalen Voraussetzungen sowie situativen Unterstützungsgegebenheiten, auch unterschiedlich verarbeitet werden. Von genereller Bedeutung ist die Belastungsdauer: So stellen etwa Trennungen der Eltern unter Umständen chronische Belastungen dar (vgl. Essau 2003, 196). Migration als kritisches Lebensereignis scheint als solches kein unbedingt problematischer Faktor zu sein (vgl. Roebers u. a. 1998).

Ganz umgekehrt zum bisherigen Gedankengang ist darauf hinzuweisen, dass starke Ängste, gerade im Hinblick auf Phobien und Panikstörungen, *selbst* als traumatisierend erlebt werden können, damit erheblich zum Stresserleben beitragen – was negativ auf diese Angstproblematiken zurückwirkt und sie, im Sinne eines „Teufelskreises", beträchtlich verstärken kann (vgl. Schmidt-Traub 2003, 116). Dies ist gerade im Hinblick auf Panikstörungen bekannt.

3.1.6 Weitere Persönlichkeitsparameter

Ein bedeutsamer Faktor dürfte die „Angstsensitivität" sein (vgl. Reiss & McNally 1985) – als überdauernde Überzeugung, „dass Angst und die damit assoziierten Symptome (v. a. körperliche Symptome) zu schädigenden körperlichen, psychischen oder sozialen Konsequenzen führen, die über das unmittelbare körperliche Unbehagen während akuter Angst oder eines akuten Panikanfalls hinaus reichen" (Schneider 2005, 864). Es gibt deutliche Hinweise für das Kindesalter, dass Angstsensitivität mit Panikanfällen, Trennungsängsten sowie agoraphobischen Ängsten verbunden ist – offenbar jedoch eher nicht mit sozialen Phobien (vgl. Schneider 2005). Auch Helbig & Petermann (vgl. 2008) sehen Angstsensitivität als Faktor für die Entstehung von Angstproblematiken.

Zwischen Neurotizismus und Angststörungen bestehen deutliche Zusammenhänge (vgl. Helbig & Petermann 2008, 216); bis auf die spezifische Phobie gehen alle Angststörungen mit erhöhten Neurotizismuswerten einher. Auch ein schlecht angepasster Perfektionismus scheint eine problematische Rolle im Hinblick auf Ängste zu spielen (vgl. Schmidt-Traub 2003, 117).

Des Weiteren können bestimmte kognitive Stile, also Eigenarten der Informationsverarbeitung, das Entstehen von Angstproblematiken befördern. Dazu gehören die Tendenz zu einer negativen Selbstsicht und zu negativen Vergleichen mit anderen (vgl. Helbig & Petermann 2008, 217), aber auch eine Neigung zu erhöhter Selbstaufmerksamkeit sowie Fokussierung auf die eigenen Zustände („Lageorientierung"; vgl. Heckhausen 1989, 199 f.). Generell werden bei diesen Kindern und Jugendlichen rasch und häufig solche Schemata aktiviert, die sich auf Themen der Bedrohung und Gefahr beziehen, was dazu führt, dass sich die selektive Aufmerksamkeit auf Bedrohungssignale richtet und dass mehrdeutige Situationen als bedrohlich interpretiert werden (vgl. Essau

2003, 191). Es werden auch häufig Bestätigungen und Rückversicherungen gesucht und der Eintritt negativer Ereignisse wird überschätzt. Die Kompetenzwahrnehmung zum Umgang mit Herausforderungen und zu deren Bewältigung ist herabgesetzt, und es überwiegen internale Attributionen im Hinblick auf negative Ereignisse (vgl. ebd., 192 ff.).

Oft spielen auch geringere soziale Fertigkeiten eine Rolle, wie sie ja, analog zu den problematischen Kompetenzerwartungen, im Rahmen der Bestimmungsmerkmale zu Ängstlichkeit von Krohne (vgl. 1996) erscheinen (siehe 1.2). Allerdings ist dies schwer empirisch erfassbar, da zumeist das tatsächlich gezeigte Verhalten und nicht das tatsächliche *Potenzial* sozialer Fertigkeiten untersucht wird (vgl. Helbig & Petermann 2008, 217).

3.1.7 Soziale Erfahrungen

Auch der sozialen Interaktion mit Gleichaltrigen wird Bedeutung im Hinblick auf das Entstehen und die Verfestigung von Angstproblematiken beigemessen. Als maßgeblicher Faktor kristallisiert sich geringe soziale Anerkennung durch Gleichaltrige heraus, die eindeutig mit darauf folgenden Internalisierungsproblemen korreliert (vgl. Asendorpf 2002, 255 ff.; Krohne 2010). Dies wird nochmals verstärkt der Fall sein, wenn in der Vorgeschichte bereits Tendenzen zu sozialem Rückzug vorlagen (vgl. Helbig & Petermann 2008, 218). Dabei kann sich ein Teufelskreis ergeben: „Auch frühere Beobachtungsstudien weisen darauf hin, dass Kinder mit sozialen Ängsten häufig weniger sozial kompetent auftreten und in Interaktionssituationen seltener positive Rückmeldungen erhalten“ (ebd.). So können soziale Ängste einen späteren Ausschluss aus der Gleichaltrigengruppe vorbestimmen, der dann wiederum zur Verstärkung der sozialen Angst führt. Freundschaften zu ebenfalls sozial zurückgezogenen Kindern wirken nicht integrierend, sondern potenziell eher kontraproduktiv. Zudem werden bei geringeren sozialen Kontakten auch weniger soziale Kompetenzen aufgebaut, was häufig gleichfalls zur Verstärkung der Problematik führt (ebd., 220).

Krohne (vgl. 2010) weist auf weitere problematische soziale Erfahrungen hin, die gerade für schulische Kontexte von Bedeutung sind:

zum einen frühe negative Schulerfahrungen im Leistungsbereich, zum anderen Aspekte der Persönlichkeit und des Verhaltens von Lehrern – und schließlich wiederum die Interaktion solcher Erfahrungen mit problematischem Verhalten der Eltern im Hinblick auf die Situation des Kindes in der Schule.

3.1.8 Aktuelle Belastungen und angsterregende situative Bedingungen

Verschiedene situative Bedingungen und aktuelle Belastungen können starke Angst hervorrufen. Dies interagiert mit der Persönlichkeit des Kindes oder Jugendlichen und den Faktoren, die bisher beschrieben wurden. Grundsätzlich können die unter 3.1.5 angesprochenen Lebensereignisse auch in einer gegenwärtigen Situation ganz aktuell belastend wirken.

In seinem Zweiprozessmodell beschreibt Krohne (vgl. 2010) drei zentrale Gruppen von situativen Faktoren, die generell angsterregend wirken: mehrdeutige Gefahrensituationen, die Blockierung von Reaktionen zur Angsthemmung und -beseitigung sowie überstarke Stimulation. Gerade diese Faktoren finden sich auch an zentraler Stelle im Rahmen der Angsttheorie von Epstein (vgl. 3.2.2.1).

Krohne (vgl. 2010) bietet eine systematische, durch Forschungsbefunde sehr gut gestützte Darstellung verschiedener „proximaler Antezedenzien" als Faktoren, die relativ unmittelbar und direkt zu Ängsten beitragen können. Er unterscheidet in Parameter der Person und solche der Situation. An dieser Stelle sind die letztgenannten, situativen von Bedeutung – und er nennt die Folgenden:

- Angeborene und konditionale Furchtauslöser gelten vor allem für jüngere Kinder, allerdings auch für Erwachsene, welche die Reaktionen auf diese Auslöser aber besser kontrollieren können oder stärker mit Schrecken und kurzer Furcht als mit Angst im engeren Sinne reagieren: plötzliche, laute Geräusche, starke taktile Reize, Dunkelheit, Verlust von Halt, die Wahrnehmung größerer Höhe sowie auch die Furcht vor Fremden.
- Über- und Unterstimulation: Hier stehen zunächst Überstimulationen verschiedener Sinnesorgane durch Reize im Vordergrund, die

sogar traumatische Angst- bzw. Stressreaktionen auslösen können. Gerade bei bestimmten Angstpatienten konnte jedoch auch eine „entspannungsinduzierte Angst" beobachtet werden, indem etwa auf Entspannungsverfahren hin vermehrt psychische und somatische Angstsymptome auftreten (vgl. Krohne 2010, 291 f.). Dafür können unterschiedliche Gründe diskutiert werden.

- Unkontrollierbarkeit und Unvorhersagbarkeit: Diese Faktoren wurden bereits zuvor im Hinblick auf die Entstehung von Ängstlichkeit angesprochen und sind in Seligmans Theorie Erlernter Hilflosigkeit (vgl. 3.2.5) sowie der Forschung hierzu verankert. Mit beiden Erlebnissen ist häufig nicht nur Hilflosigkeits-, sondern auch Angsterleben verbunden.
- Psychologische Stressoren: Solche Stressoren sind durch die jeweils individuelle Bedeutsamkeit gekennzeichnet (vgl. 3.2.2). Nichtsdestotrotz nennt Krohne (vgl. 2010, 301 ff.) drei Situationsbereiche:
  - Bewertungssituationen leistungsbezogener und sozialer Art sind oft mehrdeutig und können zu entsprechenden Befürchtungen und Ängsten führen.
  - Kritische Lebensereignisse: Ergänzend zu verschiedenen anderen Ereignissen stehen hier in jüngerer Zeit eher die ökologischen Übergänge zwischen zwei Lebensphasen im Vordergrund (vgl. ebd., 302). Neben der Adoleszenz als solcher wären das für Kinder auch der Schritt in den Kindergarten, vom Kindergarten zur Schule sowie dann zu weiterführenden Schulformen, die potenziell angstbesetzt sein dürften.
  - Auch Alltagsstressoren („daily hassles") können angsterzeugend wirken, wenn sie als stärker negativ und bedrohlich erlebt werden.

Wie Trudewind u. a. (vgl. 1979) zeigen konnten, scheint ganz umgekehrt die Gewährung von Selbstständigkeit zur Reduzierung von Prüfungsängsten und manifesten Ängsten beizutragen.

In jüngerer Zeit sind auch die Belastungen, die ein problematisches Lernfeld für Kinder und Jugendliche bedeuten kann, zunehmend in die Aufmerksamkeit geraten. Im besonderen Vordergrund steht dabei die Frage des Schul- und auch des Klassenklimas. Im Rahmen einer finnischen Untersuchung von Somersalo (vgl. 2002) traten deutliche Zusammenhänge zwischen einem ungünstigen sozialen Klima und der

Entstehung sowie Weiterentwicklung psychischer Störungen zutage – besonders stark bei Mädchen in der frühen Pubertät.

Es gibt bisher nur wenige systematische, grundlegende und explizite Analysen eines förderlichen Schulklimas. Eine Übersicht bieten Achermann u. a. (2006); sie versuchen es negativ formuliert zu fassen: „Ein negativ erlebtes Schulklima [...] ist hauptsächlich durch Leistungs- und Konkurrenzdruck sowie durch mangelndes Vertrauen bzw. fehlenden Respekt in der Beziehung der Jugendlichen untereinander und in der Beziehung zur Lehrperson geprägt" (ebd., 34). Entscheidender für die Korrelation mit der Befindlichkeit sei dabei allerdings die individuelle, nicht die kollektive Wahrnehmung. Recht differenziert wurde dies in einer Studie von Winkler Metzke & Steinhausen (vgl. 2001; siehe auch Achermann u. a. 2006, 27) analysiert. Zentrale Parameter des Schulklimas sind laut dieser Studie:

- Konkurrenz zwischen Schülern
- Anerkennung durch Gleichaltrige
- Kontrolle durch die Lehrperson
- Mitbestimmungsmöglichkeiten
- Leistungsdruck.

Satow (vgl. 1999) hat sich diesbezüglich dezidiert mit Klassenklima beschäftigt. Satow & Schwarzer (vgl. 2003) unterscheiden, etwas anders als oben, drei bedeutsame Kategorien:

- Mitschülerklima (Hilfsbereitschaft, Zusammenhalt, Gruppenbildung)
- Klima zwischen Lehrern und Schülern (Lehrerfürsorglichkeit, Leistungsdruck)
- Allgemeines Klima, das aus der Schul- und Unterrichtskultur resultiert (Disziplin, Identifikation mit der Schule).

In der erstgenannten Studie wurden auch geschlechtsabhängige Klimawirkungen festgestellt: „Werden die Parameter psychischer Befindlichkeit näher betrachtet, so halten Winkler Metzke und Steinhausen (2001) anhand von Ergebnissen mittels multipler Regressionsanalysen fest, dass bei den Mädchen die individuelle Wahrnehmung von ‚Leistungsdruck' sowie die ‚Anerkennung durch Mitschüler' [...] in Zusammenhang mit den internalisierenden Störungen steht. Bei den Jungen sind signifikante Zusammenhänge mit der ‚Anerkennung durch Mitschüler' (Individualebene) und der kollektiven Wahrnehmung von ‚Mitbestimmungsmöglichkeiten' für die internalisierenden Störungen zu nennen" (Achermann u. a. 2006, 27).

Besondere Aufmerksamkeit ist also sowohl dem Schulklima als auch dem konkreten Klassenklima zu widmen; beides wirkt sich unter Umständen erheblich auf die emotionale Befindlichkeit von Schülern aus und kann zur Entstehung oder Verstärkung von Ängsten führen. Problemfelder für das mögliche Entstehen oder die Verfestigung internalisierender Störungen scheinen dabei insbesondere die Anerkennung durch Gleichaltrige in der Gruppe sowie Mitbestimmungsmöglichkeiten (eher für Jungen) und Leistungsdruck (eher für Mädchen) zu sein.

3.1.9 Zur Frage eines Gesamtmodells der Risikofaktoren

Schneider (vgl. 2005) weist wie andere Autoren zu Recht darauf hin, dass die verschiedensten hier vorgestellten Risikofaktoren nach wie vor eher „nebeneinander" positioniert werden und ein übergreifendes theoretisches Modell der Zusammenhänge aussteht, was sicher unbefriedigend ist. Ein Versuch zu einem solchen Modell findet sich bei Asendorpf (vgl. 2002); dieses ist jedoch spezifisch auf soziale Phobien bezogen. Allerdings gehen die betrachteten Risikofaktoren in unterschiedlicher Form auch in komplexere Theorien zur Erklärung von Angst ein, die wiederum auf Basis der vorliegenden Befunde entsprechend weiterentwickelt werden müssten. Für den hier verfolgten Zweck einer Betrachtung von Angstproblematiken als pädagogischen Herausforderungen ist jedoch auch die Kenntnis des Spektrums relevanter Risikofaktoren als solche von großer Bedeutung.

3.2 Theorien zur Erklärung von Angst

Für die Entstehung von Ängstlichkeit und Angststörungen im Kindes- und Jugendalter liegen bisher kaum spezifische Theorien vor – zwei

Ansätze finden sich bei Schneider (vgl. 2005). Aus diesem Grund, aber insbesondere, weil es hier um die Frage von Angstproblematiken generell und um die Frage pädagogischer Prävention und Frühintervention geht, sollen in der Folge zur Erklärung verschiedene Theorien betrachtet werden, die sich ganz grundsätzlich und allgemein mit der Entstehung von Angst und Ängsten beschäftigen. Jede dieser Theorien betrachtet Ängste auf ihre Weise, und es lassen sich teilweise auch unterschiedliche Ängste durch unterschiedliche Theorien erklären. Da sie sich wechselweise ergänzen, sollen hier die namhaftesten unterschiedlichen Herangehensweisen an die Erklärung des Phänomens Angst knapp vorgestellt werden.

3.2.1 Angst als gelernt: Behavioristische und lerntheoretische Ansätze

Die Lerntheorie geht davon aus, dass Angst wie jede andere Reaktion gelernt und verlernt werden kann. Von Bedeutung sind die Zusammenhänge zwischen äußeren Reizbedingungen, Reaktionen bzw. Verhaltensweisen sowie auch den nachfolgenden Konsequenzen. Im Vordergrund stehen hier drei Lernformen: das klassische und das operante Konditionieren sowie das Modelllernen. Die grundlegenden Ansätze können auch zur Erklärung des Auftretens und der Verfestigung von Ängsten herangezogen werden; hinzu kommen spezifischere Konzepte für Angst.

Das operante Konditionieren, also das Lernen von Verhalten durch die auf dieses folgenden Konsequenzen, kann lediglich die Entstehung von Vermeidungsverhalten erklären: Solche Situationen und Handlungen, auf die hin eine negative Konsequenz, eine „Bestrafung" erfolgte, werden in Zukunft gemieden. Ob dies schon „Angst" ist, muss dahingestellt bleiben. Aber Vermeidung stellt unzweifelhaft eine wesentliche Komponente des Auftretens und auch der Verfestigung von Ängsten dar.

Das klassische Konditionieren beschreibt die Verknüpfung von bestimmten Reaktionen mit bestimmten Reizbedingungen. Zunächst bestehen angeborene Schmerz-Furcht-Verbindungen: Das schmerzhafte Bohren in einem Zahn erzeugt die typischen physiologischen Symptome der Furcht. Nun können potentiell alle Reize, die wahrgenommen wurden, als eine Person die Furcht erlebt hat, an diese Furchtreaktion gebunden werden und dann wieder die Angst auslösen. Um bei dem Zahnarzt-Beispiel zu bleiben, können dies verschiedenste zunächst „neutrale" Aspekte der Situation sein: Schon der (an sich harmlose) typische Geruch in Zahnarztpraxen sorgt bei vielen Menschen dafür, dass sich ihr Herzschlag erhöht, sie feuchte Hände bekommen oder zu zittern beginnen. Es kommt zur Verkoppelung von (weiteren) Reizbedingungen mit der Angstreaktion, die dann auch ohne den ursprünglichen Angstreiz die Reaktion auslösen können.

Eine Verbindung zwischen klassischem und operantem Konditionieren, welche die fatalen Entwicklungswege vieler, insbesondere phobischer Ängste erklären kann, ist die Zweiprozesstheorie von Mowrer (vgl. Krohne 1996, 185 ff.) (vgl. Tab. 1).

Tab. 1: Die Zwei-Phasen-Theorie nach Mowrer

1. Phase: klassische Konditionierung		
Stimulus	→ Schreck bzw. Schmerz	→ Angst
2. Phase: operante Konditionierung		
Angst vor Stimulus	→ Vermeidung, Flucht	→ Angstreduzierung, negative Verstärkung

Mowrer geht zunächst davon aus, dass in einer Phase der klassischen Konditionierung eine Angstreaktion auf einen bestimmten Reiz hin entwickelt wird. Beispielweise wird ein Kind von einem Hund gebissen und reagiert in der Folge immer ängstlich, wenn es einen Hund sieht. Nun wird das Kind, wenn es einen Hund von weitem erkennt, versuchen, diesem aus dem Wege zu gehen. Es erlebt zunächst leichte Angst, wenn der Hund noch weit entfernt ist. Gelingt es, dem Tier auszuweichen, so verschwindet das (unangenehme) Angstempfinden wieder. Durch diese Reduzierung des unangenehmen Gefühls wird aber im Sinne des operanten Konditionierens die Vermeidungsreaktion (negativ) verstärkt: Das Kind wird immer häufiger und immer früher versuchen, Hunden auszuweichen; die Angst wird bereits im Früh- oder gar im Vorfeld reduziert. Diese Theorie kann sehr gezielt erklären, dass viele Ängste fatalerweise von den betroffenen Personen nicht angegangen werden – es wird ihnen vielmehr immer stärker ausgewichen, was letztlich zur Ausweitung der Angst und unter Umständen zu einer immer weitergehenden Einschränkung des Lebens führt, wie es bei vielen phobischen Ängsten der Fall ist. Allerdings gibt es auch Kritik an diesem Ansatz (vgl. Krohne 1996, 185ff.), insbesondere an der Erklärungsmacht der negativen Verstärkung in der zweiten Phase, indem sich im Rahmen von Hundeexperimenten zeigen ließ, dass Vermeidungsreaktionen extrem lange aufrecht erhalten wurden, ohne dass parallel noch eine Furchtreaktion zu beobachten war (vgl. Essau 2003, 166). Nichtsdestotrotz gilt das Konzept von Mowrer nach wie vor als erklärungsmächtig und wird verbreitet der Therapie von phobischen Störungen zugrunde gelegt.

Vermeidungsverhalten gilt generell als einer der problematischen Faktoren im Rahmen der Entwicklung von Angststörungen (vgl. Schneider 2007, 263f.). Dadurch wird der Aufbau von sozialen Fertigkeiten und Bewältigungsstrategien eingeschränkt oder verhindert.

Beim Erlernen von Angst spielen auch Generalisierungsprozesse eine bedeutsame Rolle: So könnte sich beispielsweise die Angst vor einem bestimmten Hund auf alle Hunde, möglicherweise sogar auf verschiedene vierbeinige Tiere ausweiten. Dabei ist zu bedenken, dass Generalisierungsprozessen von Angstreaktionen grundsätzlich eine wichtige Funktion zukommt, indem sie den lernenden Organismus schützen – denn Generalisierung ermöglicht ja erst den Transfer von einer konkreten Bedrohungssituation auf andere; erst so können Lernerfahrungen aus spezifischen Situationen sinnvoll genutzt werden. Allerdings kann Generalisierung auch gegenteilig dysfunktional wirken, wenn sich Ängste ohne objektive Notwendigkeit auf andere Auslöser ausweiten und damit die Angst breiter, unter Umständen permanent auftritt. Möglich sind also in diesem Sinne Reizgeneralisierungen, die Erweiterung der Angstreaktion auf ähnliche Stimuli. Es können aber auch Reaktionsgeneralisierungen auftreten, indem das Reaktionsspektrum angesichts eines Angstreizes ausgeweitet wird: Dies erklärt teilweise merkwürdige, „neurotische“ Reaktionsspektren bei Kindern in Angstsituationen. Ein Verhalten, das in einer anderen Situation parallel zur Angstreduktion auftrat oder tatsächlich zu dieser Reduktion beitrug, wird auch in anderen Situationen gezeigt. Gegenteilig zur Generalisierung wirken Diskriminationsprozesse, indem gelernt wird, genau zu unterscheiden, bei welchen ähnlichen Stimuli eine Angstreaktion nicht sinnvoll ist.

Ein drittes lernpsychologisches Konzept ist das Modelllernen (vgl. Sorgatz 1986, 183 ff.). Es beschreibt das Potenzial des Menschen, aber auch vieler anderer Organismen, recht ökonomisch komplexere Verhaltensweisen durch die Beobachtung anderer und deren Nachahmung zu erlernen. Auf diesem Wege können auch Angstreaktionen gelernt werden, indem beispielsweise ein Kind andere Kinder oder seine Eltern bei ängstlichem Verhalten beobachtet und dann auch Angst in den gleichen Situationen entwickelt. So beschreibt Nickel (vgl. 1979, 286), dass verschiedene Untersuchungen deutlich positive Korrelationen der Ängste zwischen Müttern und ihren Kindern, v. a. bei Mädchen, ergaben. Als Beispiel nennt er die Angst vor Gewitter, wobei das Kind die Angstreaktion der Erziehungsperson erlebt und (imitierend) übernimmt (vgl. auch Essau 2003, 167).

3.2.2 Erwartungen und Bewertungen: Kognitive Theorien

Kognitive Theorien zur Angst stellen die Rolle von Informationsverarbeitungsprozessen in den Vordergrund. Zwei besonders bedeutsame Kognitionen sind in diesem Zusammenhang zum einen Erwartungen, zum anderen Bewertungen. Die nachfolgend dargestellten Ansätze stellen jeweils einen dieser Aspekte in den Vordergrund ihrer Betrachtung des menschlichen Umganges mit situativen Anforderungen.

3.2.2.1 Die Angstkontrolltheorie von Epstein

Die Angstkontrolltheorie von Epstein (vgl. Krohne 1996, 234 ff.) findet sich in der aktuellen Diskussion zwar kaum noch, bietet aber mit ihrer differenzierten Betrachtung der Bedeutung von Erwartungen für das Entstehen von Ängsten einen wichtigen Beitrag, aus dem auch pädagogische Schlussfolgerungen gezogen werden können. Konzeptionell steht sie „zwischen“ behavioristischen und kognitiven Auffassungen.

Epstein geht davon aus, dass Organismen ihr Erregungspotenzial regulieren müssen, um gesund zu bleiben und zu überleben. Zu diesem Zweck bauen Menschen Erwartungen im Hinblick auf Situationen auf. Auf nicht bedrohliche Hinweisreize muss nicht mit Furcht reagiert werden; auftretende Erregungsprozesse werden gehemmt. Es kommt zur Habituation an bestimmte, vertraute und (im Hinblick auf ihre Gefahrlosigkeit) gut einschätzbare situative Bedingungen. Wenn nun eine herannahende Situation nicht ausreichend eingeschätzt werden kann, ist auch nicht eindeutig zu klären, wie die betroffene Person damit umgehen soll – es entwickelt sich eher diffuse, unangenehme Angst. Neben einer Stimulusunsicherheit ist also eine Reaktionsunsicherheit zu bedenken. Vertraute Situationen können, auch wenn sie bedrohlich und gefährlich sind, klarer eingeschätzt werden, auch im Hinblick auf den Umgang damit. Die konkrete Furcht kann durch verschiedenste Möglichkeiten bewältigt werden: verhaltensbezogene, physiologische und psychologische Reaktionen. Epstein geht davon aus, dass es ängstlichen Personen nicht gelungen ist, für viele wichtige Situationen klare Erwartungen aufzubauen. Sie reagieren daher, wie unerfahrene Personen, mit häufig wenig hilfreichen, extremen „Alles-oder-Nichts-Reaktionen". Epstein beschreibt sie als Personen mit einer unmodulierten Erregungskontrolle.

Es gibt einige Kritik an Epsteins Theorie und insbesondere seinen Versuchen, sie experimentell zu belegen (vgl. Krohne 1996, 243 ff.). Von unzweifelhafter pädagogischer Bedeutung sind allerdings zwei Aspekte, auf die sein Konzept aufmerksam macht: zum einen der Aufbau von gezielten Erwartungen für angsterregende Situationen und zum anderen die Herausbildung eines effektiven („modulierten") Systems der Kontrolle von Angstreaktionen.

3.2.2.2 Das transaktionale Stressmodell von Lazarus

In der sehr einflussreichen Stressbewältigungstheorie von Lazarus (vgl. Krohne 1996, 246 ff.) stehen Bewertungen im Zentrum. Die Bezeichnung der Theorie weist schon darauf hin, dass sich Lazarus allgemeiner für das Auftreten von und den Umgang mit Stress beschäftigt. Die Theorie kann aber auch als Angsttheorie gelten und verstanden werden, indem Angst ein Teilphänomen der negativen Variante von Stress („Distress", siehe 1.1) ist und es hier auch um das Entstehen von sowie den Umgang mit Angst geht. Lazarus hat seine Theorie über längere Zeit weiterentwickelt; hier soll sie aus bestimmten Gründen in ihrer „vorletzten" Version vorgestellt werden.

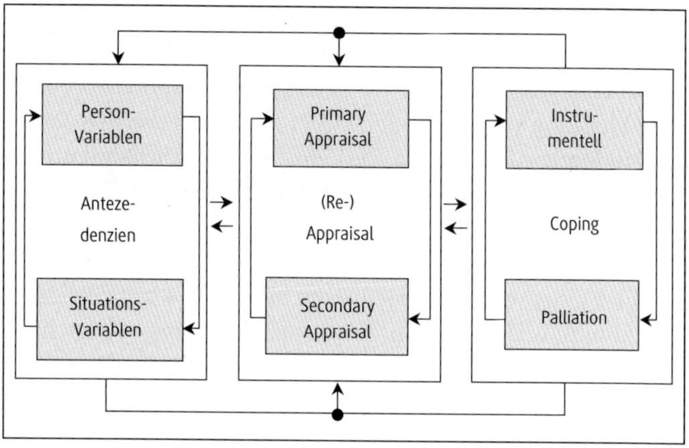

Abb. 1: Stressmodell nach Lazarus; Schematik nach Hackfort & Schwenkmezger 1985, 128

Das Modell geht davon aus, dass Stress in der Transaktion zwischen Personen und Situationen entsteht. Dabei spielen sowohl bestimmte Eigenschaften der Person als auch der jeweiligen Situation eine Rolle – als „Antezedenzien", also vorausgehende oder in die Transaktion eingehende und diese prägende Bedingungen.

Zentrale situationsbezogene Antezedenzien finden sich in der grundsätzlichen Anordnung der Situation, auch dem Auftreten angeborener oder persönlich erlernter Furchtauslöser. Dazu gehören Informationen über Stärke, Dauer sowie Wahrscheinlichkeit und Zeitpunkt des Eintretens einer Gefahr, die allerdings von der Person subjektiv eingeschätzt werden (Krohne 1996, 250).

Zentrale personale Antezedenzien sind für Lazarus die dominanten Motive und Motivationsmuster einer Person (etwa: von allen gemocht werden zu wollen), ihre grundsätzlichen Erwartungen hinsichtlich des Kontakts mit der Umwelt (ob dieser etwa immer als bedrohlich erlebt wird), ihre Kontrollüberzeugungen sowie intellektuelle Fähigkeiten und

Kenntnisse (insbesondere zur Einschätzung der Situation). „Als zentrale Variablen sieht Lazarus dabei das Motivationsmuster und die Kontrollüberzeugung an" (ebd., 251).

Im Rahmen der Auseinandersetzung einer Person mit einer Situation erfolgen verschiedene Bewertungen: Zunächst wird die Situation eingeschätzt („primary appraisal"). Soweit die Person diese als bedrohlich beurteilt, kommt ein zweiter Bewertungsprozess („secondary appraisal") in Gang: im Hinblick auf die eigenen Möglichkeiten, mit der Situation umzugehen. Erst, wenn diese als ungenügend erscheinen, entsteht Angst. In jedem Falle wird die Person in einer dritten Phase versuchen, auf die Situation angemessen oder auch erfolgreich zu reagieren. Dies bezeichnet Lazarus als „Coping". Dabei kommen verschiedenste Möglichkeiten in Betracht – etwa (Gegen-)Angriff, Flucht, Vermeidung, gedankliche Selbstberuhigung, der Versuch der Entspannung usw. Grundsätzlich sind drei Formen der Bewältigung zu unterscheiden (vgl. Stöber & Schwarzer 2000, 195 f.):

- bewertungszentrierte Bewältigung (*appraisal-focused coping*) im Sinne einer (die Angst reduzierenden) Analyse und Neubewertung der Angstquelle (etwa diese als Herausforderung zu sehen);
- problemzentrierte Bewältigung (*problem-focused coping*) im Sinne von Maßnahmen zur aktiven Beseitigung der Bedrohung, aber etwa auch durch Informationssuche und Heranziehen von Unterstützung;
- emotionszentrierte Bewältigung (*emotion-focused coping*) im Sinne von Versuchen, die Angstreaktion durch eine emotionale Regulation zu kontrollieren, etwa durch Entspannungstechniken oder beruhigende „innere Sätze".

In Abb. 1 werden diesbezüglich zwei ganz zentral unterschiedliche Möglichkeiten des Reagierens unterschieden: „instrumentelles", also handelndes, versus „palliatives", mithin auf die inneren emotionalen und Erregungsprozesse zentriertes Reagieren.

Die Theorie von Lazarus kann viele Ängste und Angstreaktionen beschreiben und erklären, allerdings weniger solche Ängste, die sehr rasch und teilweise automatisiert auftreten. Hier sind die lernpsychologischen Konzepte eine unverzichtbare Ergänzung, was deutlich macht, dass es kaum *die* Theorie gibt, die alle Ängste ausreichend erklären könnte. Zudem kann Lazarus vorgeworfen werden, dass der Affekt Angst zu einer

Art „Nebenprodukt“ im Rahmen verschiedener kognitiver Bewertungsprozesse wird. Im Übrigen hat Lazarus die Komplexität seiner Theorie im Bemühen um eine Annäherung an die Beschreibung von Realität immer weiter erhöht – und damit auch ihre Unübersichtlichkeit, was auf Kosten der Präzision geht (vgl. Krohne 1996, 258 ff.). Daher wurde sie hier in einer etwas früheren Version vorgestellt.

Stöber & Schwarzer (vgl. 2000) machen auf eine zweite Tradition der Sicht von Angstbewältigung aufmerksam, welche auf Byrne (1961; zit. n. ebd.) zurückgeht. In diesem Konzept wird postuliert, dass sich Personen auf einem Spektrum der Bewältigungsstile zwischen Repression (*repression*) und Sensitivierung (*sensitization*) einordnen lassen. „Dabei sollen Represser bedrohliche Informationen bevorzugt abwehren (vermeiden), während sich Sensitivierer bedrohlichen Informationen bevorzugt zuwenden und diese akzentuieren sollen“ (Stöber & Schwarzer 2000, 195). Aus der Kritik an dieser einfachen Eindimensionalität entwickelte Krohne (1993; zit. n. ebd.) ein Modell, das zwei separate Strategien der Angstbewältigung unterscheidet: Vigilanz (im Sinne der Annäherung mit dem Ziel der Informationssuche und Situationskontrolle) und kognitive Vermeidung (im Sinne der Neigung zu Abwehrstrategien wie Ablenkung, Bagatellisierung, Verleugnung, Selbstaufwertung oder Betonung eigener Stärke). Ergänzend zu bedenken sind hier die bereits unter 1.2 angesprochenen, interessanten Befunde zur möglichen positiven Wirkung einer nicht-wertenden „Achtsamkeit“ auf die Erlebnisse des Augenblicks (vgl. Heidenreich u. a. 2006). Eine solche Art von Vigilanz hilft vermutlich, die Situation genau zu analysieren und auf dieser Grundlage zu konstruktiven Einschätzungen und Lösungen zu kommen.

Es scheint bestimmte grundsätzliche „Denkfehler“ zu geben, die mit Ängstlichkeit und Angststörungen zusammenhängen – Schmidt-Traub (2003, 117 f.) nennt hier „Katastrophieren“, „Personalisieren“ sowie „Übergeneralisieren“.

3.2.2.3 Die Bedeutung von Attributionen für Angsterleben

Ergänzend zu den beiden kognitionspsychologischen Angsttheorien von Epstein und Lazarus soll hier auf Ergebnisse der umfangreichen attributionstheoretischen Forschung (vgl. Heckhausen 1989) im Hinblick auf Ängstlichkeit hingewiesen werden. Unter (Kausal-)Attributionen versteht man naive Zuschreibungen oder Theorien hinsichtlich der Ursachen von Geschehnissen, Verhaltensweisen und Ergebnissen von Ereignissen oder Verhalten. Menschen attribuieren ständig, um ihre Umwelt und sich selbst einordnen zu können. Dabei kommt es aber zwangsläufig auch zu Verzerrungen und Fehlern. Sowohl misserfolgsängstliche als auch hochängstliche Menschen einerseits unterscheiden sich von erfolgsorientierten und niedrigängstlichen Menschen andererseits durch typische „Attributionsstile“: Die Erstgenannten attribuieren hinsichtlich der eigenen Handlungen und Leistungen häufig selbstzweifelverstärkend. Bei Erfolg machen sie nicht sich selbst in ausreichendem Maße verantwortlich; sie attribuieren also eher „external“, indem sie ihren Erfolg einer leichten Aufgabe, günstigen Umständen und Glück oder der netten Lehrerin zuschreiben. Die Ursachen für einen Misserfolg sehen sie allerdings durchaus bei sich selbst: in ihren zu geringen Fähigkeiten oder zumindest in ihrer schlechten Vorbereitung. Ganz gleich, ob sie nun erfolgreich sind oder nicht – durch die jeweilige Ursachenzuschreibung wird die Besorgnis erhöht. Insofern wird das System der Ängstlichkeit und Besorgtheit durch die jeweilige Attribuierung aufrechterhalten bzw. noch verstärkt. Attribuierungsstile als überdauernde kognitive „Muster“ der Ursachenzuschreibung spielen damit eine wichtige Rolle sowohl für die Entstehung als auch für die Aufrechterhaltung von Ängstlichkeit. Dies wird auch nochmals eine Rolle spielen, wenn es unter 3.2.5 um das Phänomen „erlernter Hilflosigkeit“ geht.

3.2.3 Die Angst des Menschen vor sich selbst: Psychoanalyse

Die klassische psychoanalytische Sicht von Angst geht auf Freud zurück und ist sicher eine der Angsttheorien, die von den Alltagsvorstellungen zu diesem Phänomen am weitesten entfernt ist. Vielleicht gerade aus diesem Grunde handelt es sich um eine Sichtweise auf Angst und Ängstlichkeit, die insbesondere solche Ängste in den Blick nimmt, welche man als „Angst des Menschen vor sich selbst" beschreiben kann. Freud selbst hat über sein wissenschaftliches Leben hinweg unterschiedliche Konzeptionen dazu entwickelt; hier sollen die beiden wesentlichen Ansätze vorgestellt werden, die als „erste" sowie „zweite Angsttheorie" bezeichnet werden (vgl. Krohne 1996, 155 f.).

Da Freud Mediziner und Psychotherapeut war, haben ihn insbesondere abnorme Ängste interessiert – und weniger die konkrete Furcht vor bestimmten Dingen oder Situationen, die alle Menschen teilen.

starke Triebspannung → Verdrängung → Angst

Abb. 2: Die erste Angsttheorie von Freud

Die erste Theorie firmiert unter dem Namen „Theorie der Angstneurose" (siehe Abb. 2). Das unangenehme Erleben, welches Menschen als „Angst" bezeichnen, entsteht demzufolge durch die Verdrängung triebhafter Bedürfnisse. Die Triebenergie kann nicht abgeführt werden; Angst ist hier also ein im Grunde rein physiologisches Phänomen. Zum einen kann ein solcher Zustand vorübergehend entstehen, zum anderen, bei permanenter und massiver Unterdrückung von Trieben, jedoch auch zu dauerhaften Spannungen und damit einer „Angstneurose" führen. Diese Neurose drückt sich durch eine ständig präsente, „frei flottierende Angst" aus, also ein permanentes diffuses Spannungspotenzial, welches sich an bestimmte Objekte und Situationen heftet.

unbewältigter Konflikt → Angst → Abwehr

Abb. 3: Die zweite Angsttheorie von Freud

Die zweite Theorie wird auch als „Signaltheorie der Angst" bezeichnet (siehe Abb. 3). Sie basiert auf der vollständigen Formulierung der Instanzenlehre mit Es, Ich und Über-Ich. Es entstehen Konflikte zwischen Triebbedürfnissen (Es) und Gewissen (Über-Ich). Soweit die Bedürfnisse nicht ausreichend ausgelebt werden können, bleibt der Konflikt bestehen. Intrapsychisch entsteht Angst, dass die nach Befriedigung drängenden Bedürfnisse „durchbrechen" könnten. Diese Ängste sind ein Signal für den dahinter stehenden Konflikt. Zur Regulation der Ängste werden Abwehrmechanismen eingesetzt, indem beispielsweise die Konflikte ins Unbewusste verdrängt werden. Das Ich, die eigentliche Angststätte, ist auch in der Lage, warnende Signale an das Es zu senden. Wenn die Verdrängung nicht mehr ausreichend möglich ist, bildet sich ein „Symptom" – die Angst wird an ein bestimmtes Objekt geknüpft. So könnte eine bestimmte Phobie entstehen, „hinter" der sich aber letztlich die Angst des Menschen angesichts seines inneren Konfliktes versteckt. Wird das innere Ungleichgewicht noch stärker, kann es zu einer „Neurose" kommen, also einer überdauernden, gravierenderen Beeinträchtigung der gesamten Persönlichkeit – eine Störung, die behandelt werden muss.

Dieser Ansatz bietet eine Erklärung für abnorme Ängste, die er letztlich auf ein psychisches Ungleichgewicht innerhalb der Person zurückführt. Aus der Tradition der Psychoanalyse heraus ist auch die – später theoretisch breiter orientierte – Bindungsforschung entstanden mit ihrem Blick auf die Bedeutung der emotionalen Klammer zwischen primären Erziehungspersonen und Kindern und den entsprechenden Folgen für die weitere emotionale und soziale Entwicklung des Kindes. Wesentliche Befunde zur Bedeutung früher Bindungserfahrungen für das Entstehen von Angstproblematiken wurden unter 3.1.4 dargestellt.

3.2.4 Angst und Kontakt zur Welt – Die Perspektive der Gestalttheorie

Im Hinblick auf die Stresstheorie von Lazarus wurde bereits kritisch darauf hingewiesen, dass in kognitiven Theorien der eigentliche Affekt Angst gegenüber Informationsverarbeitungsprozessen sehr in den Hintergrund der Aufmerksamkeit tritt. In vielen Fällen von Ängstlichkeit ist ja aber die gesamte Person betroffen. Es war bereits von „Ängstlichkeit als Selbstkonzept" die Rede, was dies deutlich macht. *Humanistische Theorien* des Menschen versuchen dies umfassender oder auch „ganzheitlicher" zu sehen. Dabei stellen sie häufig stärker die emotionale Seite in den Vordergrund. So sieht die Gestalttheorie (vgl. Stein 2005, 58 ff.), ausgehend von ihrem Kontaktmodell, Angst als eine kreative Reaktion des ganzen menschlichen Organismus angesichts einer erlebten Bedrohung. Diese Reaktion kann sich allerdings verfestigen und fixieren und dann auch in Situationen auftreten, in denen sie gar nicht nötig wäre: Die Person verweigert sich einem Kontakt und damit auch einer neuen Erfahrung – oder sie „macht dicht", obwohl objektiv keine Bedrohung vorliegt.

Auch die Gestalttherapie unterscheidet im üblichen Sinne zwischen Furcht und Angst: „Die Furcht gilt einem schreckenerregenden Objekt in der Umwelt, das entweder bewältigt oder gemieden werden muß. Angst dagegen ist ein innerorganisches Erleben ohne direkten Bezug auf äußere Objekte" (Perls, Hefferline & Goodman 1991, 149). Furcht wird damit gesehen als ein „Vorkontaktgefühl; es informiert über die Relation zwischen einer konkreten Bedrohung und den eigenen Kräften, und es mobilisiert die Kräfte zu Flucht oder Angriff" (Dreitzel 1998, 266).

Anderes gilt für den Affekt der Angst: „Es ist ein ganz einfacher psychosomatischer Vorgang: Angst ist das Erlebnis der Atemnot bei jeder blockierten Erregung. Es ist das Gefühl, mehr Luft in die Lungen bekommen zu wollen, die von Muskelkontraktionen des Brustkorbs immobilisiert werden" (Perls u. a. 1991, 148). Erregung bezeichnet dabei die erhöhte Mobilisierung von Energie bei starkem Interesse und starkem Kontakt (erotisch, aggressiv, schöpferisch oder anderweitig). Unweigerlich versuchten neurotisierte Menschen, diese Erregung zu beherrschen – durch Verengung des Brustkorbes (entsprechend dem Verständnis von Angst als „angustia", Enge). Angst tritt von daher in all solchen Situationen auf, nicht nur bei Menschen mit neurotischen Anteilen. Dreitzel (1998, 267) macht unsere Sozialisation zur Affektunterdrückung dafür verantwortlich, dass wir automatisch in Erregungssituationen den Atem anhalten und die Erregung blockieren. Dieses Gefühl Angst sei dann so unangenehm, dass es abgewehrt werde. „Ich vermute, daß die verbreitetsten Mechanismen, mit denen wir unsere Angst abwehren, eine *selektive Unaufmerksamkeit* und die vielen Formen der *Selbstbetäubung* sind" (ebd.).

Generell wird damit das momentane Atemanhalten als nicht pathologisch gesehen, bei plötzlicher Gefahr trete es auch im Tierreich auf. „Pathologisch ist nur die beliebige Ausdehnung dieses Verhaltens über die Notstandssituation hinaus" (Perls u.a. 1991, 151). Unbehinderter Atmen würde die Angst beseitigen. Dazu sind jedoch Menschen mit neurotischen Anteilen unter Umständen kaum in der Lage. Die Tatsache der Beziehung zwischen Atmen und Angst sei offensichtlich und brauche keine weitere empirische Bestätigung: „Wenn du an dir selbst feststellst, daß tatsächlich Angst entsteht, wenn Erregung blockiert wird, und umgekehrt, daß sie sich auflöst, wenn du die von dir selbst erzwungenen Atembeschränkungen aufhebst – was für bessere Daten kannst du da noch verlangen?" (ebd., 154).

Dieses Verständnis von Angst steht in enger Beziehung zu Freuds erster Angsttheorie und bezeichnet eine als unangenehm erlebte, unterdrückte Erregung. Zugleich wird Erregung hier jedoch breiter aufgefasst, und es eröffnen sich interessante Zusammenhänge zwischen Angsterleben und Körperlichkeit.

Das Kontaktmodell der Gestalttheorie (vgl. Stein 2005, 62 ff.) betrachtet aber auch die Bedeutung von Angst in der Regulierung zwischen Individuum und Außenwelt: Aus Angst vor zu starker Verschmelzung mit der Umwelt, insbesondere mit anderen Personen wird Kontakt eingeschränkt oder nicht aufgenommen, die „Kontaktgrenze" nach außen hin also geschlossen. Andererseits kann aus Angst vor Isolierung die Kontaktgrenze gerade weit geöffnet werden. Hier bestimmen Ängste, die sich aus früheren Kontakterfahrungen ergeben, den Umgang mit aktuellen Kontaktsituationen und -angeboten, und zugleich entstehen Ängste im gegenwärtigen Kontakt. Bei Verfestigung bestimmter Kontaktmuster auf Basis früherer, bedrohlicher, belastender oder emotional verletzender Erfahrungen kann es zu Beeinträchtigungen im aktuellen Kontakt kommen, auch im Sinne von Einschränkungen des Funktionierens und des positiven Erlebens.

3.2.5 Hilflosigkeit, Depression und Angst: Die Theorie der Erlernten Hilflosigkeit

Obwohl es sich hier um keine grundlegende, eigentliche Theorie der Angst handelt, wird dieses Konzept den voranstehend diskutierten Angst-Ansätzen angefügt – dies deshalb, weil Seligmans Theorie wichtige Aussagen zum Thema Angst macht und sie pädagogisch wie sonderpädagogisch von besonderer Relevanz ist. Dabei hätte dieses Konzept auch vorangestellt oder im Zusammenhang mit Epsteins Angstmodell angesprochen werden können – denn die Theorie Erlernter Hilflosigkeit befindet sich im Schnittbereich zwischen behavioristischen und kognitiven Modellen, indem sie aus behavioristischer Forschung entstand und zur Beschreibung und Erklärung im Rahmen der konzeptionellen Weiterentwicklung dieses Ansatzes zunehmend kognitive Parameter mit aufgenommen wurden (vgl. Seligman 1995; Heckhausen 1989, 477 ff.; Krohne 1996, 278 ff.; Schwarzer 1993, 141 ff.).

Grundlage dieser Theorie waren unerwartete Erkenntnisse im Rahmen eines Tierexperimentes im Jahr 1967. Hunde wurden dabei einer klassischen Angstkonditionierung unterworfen: Sie waren fixiert und erhielten nach einem Glockenzeichen Stromstöße, die unausweichlich waren. Bei einer späteren Situation des Vermeidungslernens sollte untersucht werden, ob die Tiere nach einer solchen Vorerfahrung in der Lage wären, der schmerzhaften Gefahrensituation schneller auszuweichen (vgl. Heckhausen 1989, 477). Hier wurde der Stromstoß rechtzeitig genug durch ein Lichtsignal angekündigt, damit die Hunde durch das Überspringen einer Barriere in eine sichere Nachbarbox gelangen konnten. Es war in dieser zweiten Bedingung also möglich, den drohenden Stromstoß zu vermeiden.

Es zeigte sich jedoch, dass die Tiere dies größtenteils nicht taten: Sie verhielten sich hilflos, liefen am Anfang noch erregt herum, legten sich dann hin und winselten, während die Stromstöße bis zu einer Minute fortgesetzt wurden.

Versuchstiere, die das Vortraining nicht mitgemacht hatten oder aber in dieser ersten Situation gleichfalls die Chance hatten, den Stromstößen zu entkommen, lernten rasch, diese durch den Sprung über die Barriere zu vermeiden.

Die theoretische Annahme Seligmans und seiner Mitarbeiter (vgl. Seligman 1995) geht nun dahin, die Erfahrung, eigene Handlungen hätten keinen Einfluss auf das Geschehen, erzielten also keine (erwünschten) Effekte, führe zu einem dreifachen Defizit bei den betroffenen Organismen:

- Movitationales Defizit: Handlungen zur Beseitigung von Stressoren in späteren, insbesondere ähnlichen Situationen erfolgen deutlich verzögert bzw. gehemmt.

- Kognitives Defizit: Es wird für die Betroffenen schwierig, in späteren Situationen zu lernen, dass hier möglicherweise eigenes Handeln Effekte hervorruft. Krohne (1996, 281) bezeichnet dies als „assoziatives Defizit".
- Emotionales Defizit: Aus der Wahrnehmung, dass das eigene Handeln keine Folgen zeitigt, sozusagen nutzlos ist, resultiert eine deprimierte Stimmung.

Dies habe entscheidende Folgen für die Reaktion in weiteren, ähnlichen Situationen.

Beim Menschen führen als unkontrollierbar erlebte Ereignisse nach Krohne (1996, 281) „u.a. zu verstärkter autonomer Erregung, vermehrten negativen Affekten und insbesondere erhöhter Angst". So wird Schmerz in der Regel dann als schlimmer erwartet, wenn er unkontrollierbar ist, als wenn er kontrolliert werden kann. Je stärker die Dinge im Leben unkontrollierbar scheinen, desto häufiger und heftiger kommt es zu Angst. Die stärkste Angst entsteht jedoch, wenn Gefahren und Risiken nicht nur unkontrollierbar, sondern auch unvorhersagbar sind (vgl. Schwarzer 1993, 143 f.).

Die direkte Übertragbarkeit von Erkenntnissen wie den hier bei Hundeexperimenten gewonnenen auf den Menschen ist höchst umstritten. Es gelten verschiedene besondere Bedingungen. So ist zum Beispiel die Nachhaltigkeit der Unkontrollierbarkeits-Erfahrung von Bedeutung. Die Prozesse müssen länger andauern (vgl. Heckhausen 1989, 481). Zudem suchen menschliche Versuchspersonen bei Misserfolgen zunächst oft einfach nach komplexeren Hypothesen. Heckhausen (ebd., 478) stellt dazu fest: „Wo es gelang, waren die Hilflosigkeitseffekte eher gering verglichen mit den drastischen Effekten im Tierexperiment." So sieht es auch Schwarzer (1993, 146), der die direkte Übertragung von Tierversuchsanordnungen auf den Menschen kritisiert (ebd., 147). Dass klassische Hilflosigkeitsexperimente beim Menschen geringere Effekte zeitigen, lässt sich vermutlich auf die höhere Komplexität zurückführen, welche der Mensch in solche Situationen einbringt. Kontrollierbarkeit und Vorhersagbarkeit sind hier von Bedeutung, und diese sind beim Menschen stark kognitiv geprägt. „*Vorhersagbarkeit* bezieht sich auf das variable Ausmaß von Information, das ein Organismus hinsichtlich verschiedener Aspekte einer aversiven Situation besitzt, während *Kon-*

trollierbarkeit die mehr oder weniger starke Beeinflussbarkeit (Steuerbarkeit) dieser Situation durch den Organismus bezeichnet" (Krohne 1996, 278).

Ein beim Menschen in Hilflosigkeitssituationen auftretender, zunächst genau gegenteilig wirkender Effekt ist die Reaktanz (vgl. Wortman & Brehm 1975, zit. n. Petermann 1995, 222f.): Erleben sich Menschen als eingeengt in ihren Möglichkeiten, Kontrolle auszuüben oder Wahlen zu treffen, dann nehmen sie dies als empfindliche Verletzung ihrer Freiheit wahr. Sie reagieren mit der Motivation, ihre Freiheit der Kontrolle und Wahl zu erhalten oder aber wiederherzustellen. Im Zusammenspiel zwischen Reaktanz- und Hilflosigkeitserleben ist ein weiterer bedeutender Faktor beim Menschen die subjektive Wichtigkeit der Situation: „Sowohl die Stärke der Reaktanz als auch die Stärke der Hilflosigkeit wächst mit der subjektiven Bedeutsamkeit der Situation" (Schwarzer 1993, 167). Klinger (1975, zit. n. Heckhausen 1988, 482) entwirft dazu einen Zyklus von Anreiz und Entsagung (*incentive disengagement cycle*): Erst tritt im Sinne von Reaktanz vermehrte Energieaufwendung auf, anschließend folgen Primitivierung der Reaktionen und Aggressionen; es kommt danach zu einem depressiven Abschwung; schließlich folgt ein Wiederaufschwung bis zur Erholung.

Allerdings sind die Effekte von Hilflosigkeitsexperimenten beim Menschen nur *geringer* – dass sie *durchaus festzustellen* sind, konnte experimentell gezeigt werden. Dabei wurde auch nachgewiesen, dass es nicht die negativen Konsequenzen des eigenen Verhaltens sind, welche die Reaktion Erlernter Hilflosigkeit auslösen, sondern das Erleben von Unkontrollierbarkeit der Situation durch eigenes Verhalten. Weitere entscheidende Bedingungen sind die situationsbezogene kognitive Einstellung, inwiefern das eigene Verhalten in einer Situation etwas bewirken könnte, sowie die grundsätzlichen individuellen Attributionsstile im Hinblick auf Kausalitäten (internal versus external; vgl. 3.2.2.3). Die bloße Überzeugung, etwas bewirken zu können, wenn man nur wollte, wappnet unabhängig von den realen Möglichkeiten gegen Erlernte Hilflosigkeit.

> „Das Attributionsmuster – bezeichnet als Attributionsstil –, das Generalisierung der Hilflosigkeit auf andere Tätigkeiten fördert, läßt sich kennzeichnen als stabil-global-internal. [...]

> Die Rückführung des eigenen Unvermögens auf stabile, globale und internale Faktoren läßt die in der Trainingsaufgabe erzeugte Hoffnungslosigkeit am weitesten generalisieren" (Heckhausen 1989, 483; vgl. auch Schwarzer 1993, 150).

Jemand macht sich selbst für die Nichtkontingenz, die Unkontrollierbarkeit verantwortlich (internal), sieht die Ursache der Nichtkontingenz als überdauernd bzw. langfristig wirkend (stabil) und nimmt globale Ursachen für diese Nichtkontingenz an, die auch auf andere Situationen verallgemeinerbar sind: etwa ein Mangel an Intelligenz oder ein Mangel an sozialer Kompetenz (vgl. Schwarzer 1993, 148 ff.).

Kuhl (1981, zit. n. Heckhausen 1989, 488) hat der Annahme der Hilflosigkeit über Attributionsprozesse eine andere Annahme entgegengestellt: die Annahme einer verminderten Handlungskontrolle. Er unterscheidet die beiden Kontrollmodi der Handlungs- und der Lageorientierung (siehe auch 3.1.6):

> „Handlungsorientierung ist definiert durch kognitive Tätigkeiten, die auf Handlungsalternativen und Pläne gerichtet sind, die geeignet erscheinen, die Diskrepanz zwischen einem gegenwärtigen Zustand und einem intendierten zukünftigen Zustand zu überwinden. Demgegenüber ist Lageorientierung durch grübelndes Nachdenken über ein gescheitertes Ergebnis und die Unfähigkeit gekennzeichnet, sich auf das gesetzte Ziel zu konzentrieren" (Heckhausen 1989, 488).

Kuhls Annahme geht nun dahin, dass Hilflosigkeit zustande kommt, weil bei länger dauernden Unkontrollierbarkeits- bzw. Misserfolgserfahrungen bei Menschen die Lageorientierung angeregt wird. Dass diese Orientierung wirkt, konnte er in Experimenten zeigen.

Zu den Folgen erlernter Hilflosigkeit beim Menschen rechnet Seligman (vgl. 1995) insbesondere die Tendenz zur Depressivität bis hin zur ausgewachsenen Depression. Auch hier müssen im Hinblick auf spätere Forschungsergebnisse jedoch weitere Bedingungen zusammenkommen: „Inzwischen wird Unkontrollierbarkeit nicht mehr als hinreichend für depressive Affekte angesehen und [...] für erforderlich gehalten, daß man hoch erwünschte Handlungsfolgen (*outcomes*) nicht erlangt hat oder mit dem Eintreten stark aversiver Ereignisse rechnen muß" (Heckhausen 1989, 483). Gerade bei Depressivität scheinen ungünstige Attributionen mit dem Muster „internal – stabil – global" zu erfolgen.

Weitere Folgen erlebter Hilflosigkeit sind zum einen Lernprobleme bis hin zum Lern- und Leistungsversagen, zum anderen sozial wenig kompetentes, passives oder zurückgezogenes Verhalten (vgl. Seligman 1995). Im einen Fall wird die Aussicht guter Leistungsergebnisse durch eigenes Verhalten als gering oder nicht vorhanden eingeschätzt – im anderen Fall die Möglichkeit der positiven Wirkung auf Mitmenschen und die Chancen sozialen Erfolges.

Aus den Theorien zur Erklärung von Angst, die zugleich auch überdauernde Ängstlichkeit sowie Angststörungen erklären, lassen sich Schlussfolgerungen für den Umgang mit den jeweiligen Ängsten ziehen. In den Kapitel 6, 7 und 8 werden daher die Argumentationslinien und Erkenntnisse psychologischer Erklärungskonzepte wieder aufgenommen.

4

Ängste in pädagogischen Handlungsfeldern

Nachdem Ängste und auch unterschiedliche Angstformen bereits breite Betrachtung erfuhren, sollen in diesem Kapitel einige besondere Angstformen und Aspekte von Angst angesprochen werden, die in pädagogischen Handlungsfeldern erscheinen. Zunächst wird es um den Zusammenhang zwischen Angst und Leistung gehen, anschließend um das Verständnis von Schulangst sowie die damit zusammenhängenden Konzepte der Schulphobien und des schulmeidenden Verhaltens.

4.1 Angst und Leistung – Leistungs- und Prüfungsängste

Angst übt in der Regel einen negativen Einfluss auf Leistungen aus. Ein Klassiker der Forschung, das Yerkes-Dodson-Gesetz von 1908, sieht dies allerdings etwas differenzierter. Dieses „Gesetz" basierte auf Forschungsarbeiten an Mäusen, welche Aufgaben lösen mussten und zur Angstinduzierung unterschiedlich starke Elektroschocks verabreicht bekamen (vgl. Levitt 1979, 95f.; Sörensen 1994, 8f.). Während die recht einfachen Aufgaben bei einem mittleren Angstniveau besser als bei einem niedrigen gelöst wurden, wurde die Leistung dann bei höherem Angstniveau wieder schlechter. „Im wesentlichen behauptet das Yerkes-Dodsonsche Gesetz, daß die Beziehung zwischen der als Antrieb aufgefaßten Angst und dem Lernen den Charakter *einer kurvenlinearen Funktion* hat" (Levitt 1979, 95). Das optimale Antriebsniveau für Leistungen liegt demzufolge im mittleren Bereich. Zu bedenken ist, wie Levitt anmerkt, dass Angst hier mit Antrieb gleichgesetzt wird. Ein zu geringer Antrieb erleichtere Lernen nur wenig oder gar nicht, und ein hoher Antrieb beeinträchtige es. Dies gilt umso eher, je schwieriger die Aufgaben sind: Ein höheres Antriebsniveau sorgt umso schneller für Beeinträchtigungen, wenn zugleich ein höherer Schwierigkeitsgrad vorliegt. „Das optimale Antriebsniveau liegt höher, wenn die Aufgabe einfach ist, als wenn sie kompliziert ist" (ebd.). Dabei ist hier situative Angst gemeint und nicht so sehr „trait-anxiety". Levitt (vgl. ebd. 96) diskutiert knapp, dass dies auch für generelle Ängstlichkeit und für den Menschen gelten könne. Allerdings ließ sich zeigen, dass das optimale Antriebsniveau bei Hochängstlichen früher erreicht wird als bei Niedrigängstlichen, sich Angst also bei Ängstlichen schneller negativ auf ihre Leistung auswirkt. Dies gilt wiederum stärker für komplexere Anforderungen. Mittlerweile wird davon ausgegangen, dass das Yerkes-Dodson-Gesetz für schwierigere und insbesondere auch kreative Aufgaben nicht gilt (vgl. Rost & Schermer 2010, 457). Zudem ist es nicht notwendig und auch ethisch problematisch, einen höheren Antrieb durch die Induzierung oder Verstärkung von Angst anzuzielen – der Antrieb könnte auch auf motivationalem Wege erhöht werden.

Die Befundlage für Menschen spricht dafür, dass sich kognitive Angstaspekte im Sinne von Besorgtheit stärker negativ auf die Leistung auswirken als Aufgeregtheit (vgl. Stöber & Schwarzer 2000, 193). Der wahrscheinlichste Grund ist, dass durch die Angstkognitionen Aufmerksamkeit abgezogen und somit das Leistungsvermögen beeinträchtigt wird. Angst muss jedoch nicht immer negativ auf Leistungen wirken. Neben dem Charakter der aktuellen (Angst-)Situation liegt ein bedeutsamer Faktor auch in Persönlichkeitsunterschieden: Hochängstliche reagieren hier sensibler als Niedrigängstliche (vgl. ebd., 193 f.). Hinzu kommt, wie eben angesprochen, die Frage der Komplexität der Aufgaben: je komplexer, desto eher wird die erfolgreiche Bearbeitung durch Angsterleben gestört.

Roebers, Mecheril & Schneider (1998) weisen auf den negativen Einfluss von allgemeiner und prüfungsbezogener Ängstlichkeit auf die Schullaufbahn hin. „Dabei ist weniger oft ein direkter Effekt von Ängstlichkeit auf schulische Leistungen nachgewiesen worden als vielmehr ein indirekter negativer Einfluß, der über ein negativeres Selbstvertrauen und geringer ausgeprägte Motivation vermittelt wird [...] Ängstlichere Schüler weisen in der Regel auch ein eher negatives Selbstkonzept auf, sind weniger optimistisch und somit auch weniger motiviert, sich anzustrengen, um gute Leistungen zu erbringen" (ebd., 724). Es ergibt sich also ein fatales Zusammenspiel von negativen Selbstkonzeptaspekten, Ängstlichkeit und Attributionsstilen auf die Schulleistung.

Es bestehen beträchtliche Komorbiditäten zwischen Angststörungen sowie Lernstörungen (vgl. Mackowiak 2007, 110). Denkbar sind diesbezüglich die beiden unterschiedliche Kausalrichtungen (Angst führt zu beeinträchtigter Lernleistung; geringere Lernleistung führt zu Angst), eine gegenseitige Aufschaukelung sowie auch, dass beide Störungsformen völlig unabhängig voneinander auftreten. Schellhas & Teo (vgl. 1996) ermittelten in einer Längsschnittstudie an isländischen Kindern, dass eine über die Zeit stabile hohe Trennungsängstlichkeit einen deutlich negativen Einfluss auf die kognitive Entwicklung hatte. Sie vermuten, dass die Ängste das Explorationsverhalten beeinträchtigen.

4.2 Schulängste und Schulangst

Es gibt verschiedenste pädagogische Handlungsfelder. Hier soll exemplarisch das Handlungsfeld Schule gewählt werden, weil es besondere Bedeutung für alle Menschen in der Gesellschaft hat. Verschiedene Ängste sind für dieses Handlungsfeld typisch, andere lassen sich ebenso oder ähnlich auch auf andere pädagogische Handlungsfelder übertragen, etwa Heimerziehung, Horte oder Freizeitgruppen.

Ängste, die im schulischen Rahmen auftreten, können zum einen durch die Umwelt Schule (mit-)bedingt sein, sie können aber auch aus ganz anderen Kontexten stammen. Je stärker Ängstlichkeit die gesamte Person betrifft, umso eher wird ein Kind oder Jugendlicher besondere Angstreaktionen eben nicht nur in der Schule zeigen, sondern auch in anderen Kontexten, etwa zuhause oder in der Gruppe Gleichaltriger.

Strittmatter (1997, 14) sieht Schulangst als eine relativ überdauernde Bereitschaft, schulische Situationen, dabei insbesondere Leistungssituationen, als persönlich bedrohlich zu erleben. Alle der bereits erwähnten Hauptgruppen von Ängsten nach Schwarzer (vgl. 1993) können in der Schule auftreten:

- Leistungsängste sind sehr häufig in einem Feld, in dem gerade Leistungen stark gefordert werden. Sie betreffen die Angst, zu versagen, also einer Anforderung nicht adäquat gerecht zu werden – auch im Hinblick auf die weiteren Konsequenzen dieses Versagens. Je nachdem, wie ein Schüler (ob realistisch oder nicht) seine eigenen Ressourcen einschätzt, wird er auch schon einfache Aufgaben als Bedrohung erleben.
- Auch soziale Ängste sind in der Schule sehr häufig, in der es über den Tag hinweg zu mannigfaltigen Sozialkontakten kommt. Soziale Ängste von Schülern können sich zum einen auf die Lehrer beziehen, zum anderen aber häufig auch auf die Mitschüler. Insbesondere sind hier Ängste zu nennen, bloßgestellt oder ausgegrenzt zu werden. Leistungsängste sind sehr häufig auch mit sozialen Ängsten verbunden – oft lässt sich kaum trennen, ob die Angst größer ist, einfach zu versagen oder sich vor den anderen damit zu blamieren.
- Existenzängste mögen in der Schule seltener auftreten. Im Rahmen der Gewaltdebatte an Schulen wird aber deutlich, dass die Angst von Schülern vor Bedrohungen durch physische Gewalt durchaus „existentiell“ sein kann (vgl. Schubarth 2010). Ängste ergeben sich für die Gruppen der „Opfer“ von Gewalt, aber auch für die kleinere, spezifische Gruppe der „Täter-Opfer“ in wechselnden Rollen. Besonders problematische Situationen sind dabei der Schulweg sowie die Pausen. Auch wenn keine direkte Lebensgefahr besteht, kann die Angst vor Verletzungen oder dem Zufügen von Schmerzen gravierend sein.

Es wird deutlich, dass hier zum einen bestimmte Schüler besonders betroffen sein können: insbesondere potentielle Außenseiter, sozial unsichere und sich schnell Zurückziehende, aber auch Leistungsschwache. Zum anderen gilt aber, dass verschiedene Ängste alle oder viele Schüler betreffen und Ängste damit auch ein schulisches Alltagsphänomen sind. Dies wird teilweise nicht zu vermeiden sein, könnte sich in bestimmten Situationen aber auch als problematisch erweisen und dann die Notwendigkeit nach sich ziehen, dass man weniger an einzelnen (ängstlichen) Schülern arbeitet, sondern vielmehr über die Veränderung schulischer Bedingungen nachdenkt, die für viele Schüler angsterzeugend sind. Dass sich hier viel getan hat, dies aber immer wieder eine bedenkenswerte Fragestellung ist, macht der Vergleich der Schule heute mit derjenigen vor einigen Jahrzehnten deutlich (vgl. beispielsweise die Schulszenen in „Buddenbrooks"; Mann 1989).

In diesem Sinne könnte, bei Erweiterung einer Definition von Schwarzer (vgl. 1987, 100), eine umfassendere Definition von Schulangst wie folgt lauten:

Schulangst meint die Besorgtheit und Aufgeregtheit angesichts

a) schulischer Leistungsanforderungen, deren mangelnde Bewältigung antizipiert und als selbstwertbedrohlich, potenziell kränkend und demütigend eingeschätzt wird;
b) von Situationen der Bewertung durch Lehrer, Mitschüler und Familienangehörige (insbesondere Eltern) hinsichtlich des eigenen, nichtleistungsbezogenen (insbesondere des sozialen) schulischen Verhaltens;
c) von Situationen subjektiv erlebten physischen und psychischen Bedrohtseins durch Mitschüler oder auch andere Personen in schulischen Kontexten.

4.3 Verwandte Phänomene: Schulphobie und schulmeidendes Verhalten

Häufig wird im Zusammenhang mit Schulangst auch der Begriff der *Schulphobie* verwendet. Darunter werden jedoch im wissenschaftlichen

Kontext in der Regel besondere Formen der Vermeidung von Schule verstanden, hinter denen allerdings keine Angst vor der Schule steht, sondern andere Probleme – insbesondere die Angst der Trennung von den Eltern oder bestimmte familiäre Schwierigkeiten. Die Erklärung ist psychoanalytisch geprägt (vgl. Remschmidt 2000, 216 f.): Das Kind verdrängt die Angst vor dem Verlassenwerden durch die Mutter und verschiebt sie auf das Objekt Schule. Dahinter steht eine problematische (zu enge oder zu unsichere) Mutter-Kind-Beziehung, die beim Kind zu zumindest subjektiv begründeten Verlassensängsten führt. Durch das Kindverhalten wird die unreife Beziehung zur Mutter zunächst aufrechterhalten. Diese Auffassung von Schulphobie, die den Begriff Phobie sehr stark mit Trennungsangst konfundiert, wird von Rost & Schermer (vgl. 2010) kritisch gesehen.

In diesem Zusammenhang ist auch noch auf die Phänomene schulvermeidendes Verhalten, Schulabsentismus oder (als umgangssprachlich verbreitetem Begriff) „Schulschwänzen" hinzuweisen. Hinter diesen Tendenzen zur teilweisen oder vollständigen Vermeidung der Schule *können* Ängste stehen, darunter schulbezogene Ängste, aber auch ganz andere Ursachen. Schulische Situationen sind unlust-, Alternativen hingegen lustgeprägt. Kinder oder Jugendliche flüchten in Ersatzhandlungen. Hinter dem „Schulschwänzen" wird eine mangelnde Gewissensbildung oder eine Ich-Schwäche gesehen (vgl. Remschmidt 2000, 217). Dieses Verhalten geht also gerade nicht mit Ängsten einher, es ist in der Regel lustgeprägt oder unlustvermeidend und oft mit delinquentem Verhalten verbunden.

5

Pädagogische Beurteilung und pädagogisch-psychologische Diagnostik

Aus der in Kapitel 1 angesprochenen interaktionistischen Sicht von Verhaltensstörungen ergeben sich unmittelbare Konsequenzen für die Beurteilung von Ängstlichkeit und Angststörungen, sei es im Sinne einer informellen Einschätzung von Problemlagen oder sei es im Sinne einer offiziellen Diagnostik. Dabei sollten vier Perspektiven bedacht werden (vgl. Stein 2011):

- Problematiken, die in der Person des Kindes oder Jugendlichen liegen (im Sinne einer ängstlichen Persönlichkeit, einer Angststörung im klinischen Sinne oder bestimmten Zügen überstarker Angstreaktionen);
- Problematiken, die in der aktuellen Situation des Kindes oder Jugendlichen liegen (in Form stark angstauslösender Reize und Anlässe sowie allgemeiner Belastungen in Familie, Kindergarten oder Schule sowie Freizeitgruppen);

- Aspekte der Interaktion zwischen Person und Situation (in dem Sinne, dass eine bestimmte Angstneigung und angsterregende Situationen zusammenkommen, dass es zu wechselseitigen Prozessen des Aufschaukelns kommt usw.);
- Aspekte der Bewertung eines Kindes oder Jugendlichen als „ängstlich“ oder „angstgestört“ von außen, durch Beobachter (seien es Professionelle wie etwa Pädagogen, Psychologen, Ärzte oder private Kontaktpersonen wie Eltern, Geschwister, Spielkameraden usw.) – Bewertungen, die kritisch hinterfragt werden müssen im Hinblick auf die Kriterien, welche diese Personen zur Feststellung der Angstproblematiken bewusst oder unbewusst herangezogen haben.

Auch die fünf unter 1.1 vorgestellten Manifestationsebenen von Angst stellen schon spezifisch auf die Person von Kindern und Jugendlichen bezogene diagnostische Bereiche dar, deren Erfassung bedeutsam, aber zugleich mehr oder weniger leicht ist.

Im pädagogischen Alltag können in aller Regel keine Messverfahren verwendet werden, aber bestimmte physiologische Parameter sind recht einfach beobachtbar. Vorsicht ist insofern geboten, als gerade diese Zeichen „unspezifisch“ sind – hinter Schwitzen oder Erröten können durchaus auch andere Emotionen stehen, etwa Wut oder Scham; es kann sich auch um ganz einfache physiologische Zustände handeln. Angst ist eben ein Konstrukt „hinter“ den diagnostisch erfassbaren Phänomenen. Im Vordergrund der genaueren Einschätzung, ob ein Kind oder Jugendlicher Angst hat, stehen Beobachtungen der Ebenen Verhalten, Ausdruck sowie der mehr oder weniger direkten Kommunikation mit dem Gegenüber im Hinblick auf seinen Zustand. Über die letztgenannte Ebene der direkten Kommunikation können Pädagogen auch versuchen, etwas von dem inneren Angsterleben des Kindes oder Jugendlichen zu erfassen.

Bei wirklich ernsthaften Problematiken ist auch eine somatische Differenzialdiagnostik durch Mediziner unverzichtbar, um organische Ursachen von Ängsten auszuschließen. Dies gilt besonders für Ängste von Kindern, da diese häufig von körperlichen Beschwerden begleitet werden. Aufgrund der erheblichen Komorbidität von Angststörungen (vgl. Kap. 1.3.3) ist zudem oft die Abklärung weiterer Problematiken wichtig, auch im Hinblick auf die Frage der jeweils primären Störung (vgl. Adornetto & Schneider 2009, 262). Dies gilt insbesondere für die häufige Komorbidität von Angststörungen und depressiven Störungen (vgl. Lugt, Kriependorf & Zulauf Logoz 2002, 114 ff.).

Eine pädagogische Beurteilung im Hinblick auf Ängstlichkeit sollte sorgfältig erfolgen und die verschiedenen Ebenen und Bereiche kritisch berücksichtigen – sie sollte sowohl verschiedene Informanten bzw. Quellen als auch verschiedene Methoden berücksichtigen (vgl. Dubi & Schneider 2009, 1148). Zum einen gilt es zu bedenken, dass Ängste als solche grundsätzlich funktional sind und Normalitätscharakter haben; zum anderen ist es aber auch wichtig, die Entwicklung von massiver, beeinträchtigender Ängstlichkeit bei einem Kind oder Jugendlichen möglichst frühzeitig zu erkennen, um angemessene Maßnahmen zu ergreifen. Und schließlich ist es von Bedeutung, die Grenzen des eigenen pädagogischen Handlungsrahmens zu erkennen und im Fall ausgeprägter Störungen rechtzeitig weitere Hilfen anzufordern: entweder ergänzende Hilfen, beispielsweise eines Psychologen, oder auch zeitweise die Pädagogik ersetzende therapeutische Maßnahmen in Form einer Psychotherapie oder eines Klinikaufenthaltes.

Im Vordergrund der „alltagspädagogischen" diagnostischen Betrachtung und Urteilsbildung werden vier Fragen stehen:

- Ist ein Kind oder Jugendlicher besonders ängstlich oder weist eine Angststörung auf? Wie stark sind die Ausprägung und die dadurch bedingten Belastungen und Einschränkungen?
- Handelt es sich um stark generalisierte Ängste oder um solche, die nur in bestimmten Situationen oder Bereichen auftreten?
- Können für die Ängste bestimmte auslösende und aufrechterhaltende Bedingungen näher bestimmt werden?
- Lassen sich die Ängste erklären?

Von einer solchen alltäglichen Diagnostik im Sinne einer Einschätzung ist eine explizitere sonderpädagogische oder psychologische Diagnostik zu unterscheiden. Diese professionelle Diagnostik kann gezieltere, differenziertere Erkenntnisse ermöglichen. Allerdings kommt sie nicht ohne eine vertiefte, entsprechende Ausbildung aus, was die Durchführung bestimmter Verfahren anbelangt, insbesondere aber die Interpretation der Ergebnisse und die diagnostische Urteilsbildung. Im Zweifelsfall sollte sie immer in den Händen von Fachpersonal liegen: entsprechend geschulten Sonderpädagogen oder auch Psychologen.

Das interaktionistische Modell mit seinen vier Perspektiven wird in der Folge aus Ökonomiegründen gerafft betrachtet, indem zum Bereich Person verschiedene Ausdrucksebenen zur Sprache kommen: Erhebungen auf der Verhaltensebene, die Erfassung bewussten Selbsterlebens sowie die Annäherung an nicht oder nur teilweise bewusste Anteile. Dabei werden zu Verhalten auch situationsbezogene Aspekte erfasst, also nicht nur, welche gewohnheitsmäßigen, angstbezogenen Verhaltenstendenzen und -gewohnheiten festzustellen sind, sondern auch, in welchen Situationen (welche) Angstreaktionen zutage treten. Dies ermöglicht auch Rückschlüsse auf situationsbezogene Aspekte. Wenn das Selbsterleben erfasst wird, geht es nicht nur um Persönlichkeitsanteile, auch aus der Perspektive der Selbstwahrnehmung, sondern zudem um das erlebnishafte Reagieren von Menschen auf Situationen, also um Aspekte der Person-Umwelt-Interaktion. Ergänzend sollen jedoch auch Fremdeinschätzungen als Beurteilungen von außen sowie das Feld der Umfelddiagnostik mit hinzugenommen werden, wozu auch die kritische Betrachtung der Beobachter-Perspektive (anhand welcher Kriterien wird ein Kind als ängstlich beurteilt?) gehört. Wenn die Ausführungen zu Situation, Interaktion und Außeneinschätzung denn einen knapperen Anteil einnehmen als diejenigen zur personbezogenen Diagnostik, so liegt dies daran, dass sich in der verfügbaren Literatur zu ersterem recht wenig, zu letzterem aber sehr viel finden lässt. Dies schmälert allerdings keineswegs die sehr große Bedeutung einer differenzierten situationsbezogenen Diagnostik im Hinblick auf Elternhaus und weitere Lebensbereiche, insbesondere denjenigen der Schule.

Physiologische *Messungen* werden in diesem Kapitel ausgeklammert, da sie eher in den medizinischen Bereich gehören.

5.1 Erhebungen auf der Verhaltensebene

Die Reaktionen von Kindern oder Jugendlichen in bestimmten Situationen können beobachtet werden. Dabei kann es sich um natürliche Situationen handeln, aber auch um standardisierte, in denen beispielsweise ein potentieller Angstanlass geboten wird. Letzteres geschieht oft bei experimentellen Untersuchungen, beispielsweise in der Bindungsforschung, wenn die (Angst-)Reaktion eines kleinen Kindes auf die Abwesenheit der Mutter bei gleichzeitiger Anwesenheit einer fremden Person untersucht wird. Zur Beobachtung des Verhaltens sollte dieses möglichst konkret und klar umgrenzt werden; zur Hilfe können Einschätzskalen und Kategoriensysteme herangezogen werden sowie ergänzend auch Videoaufzeichnungen (vgl. Adornetto & Schneider 2009, 263 f.).

Ein Beispiel für eine solche Einschätzskala ist der „Beobachtungsbogen für sozial unsicheres Verhalten“ (BSU) von Petermann & Petermann (vgl. 2010, 56 ff.). Hier wird das Verhalten im Hinblick auf zwölf Kriterien auf einer fünfstufigen Skala eingeschätzt. Beispielkriterien sind Sprechen (gehetzt, monoton, Zögern), Gesichtsausdruck (Unsicherheit, Verlegenheit, Zucken) oder Bewegungen (Starre, Eintönigkeit). An diesem Beispiel wird deutlich, dass die Qualität des Beobachtungssystems abhängt von den berücksichtigten Aspekten, insbesondere aber der Genauigkeit der Kriterienbestimmung und der erfolgenden Einarbeitungsphase in die Verhaltensbeobachtung, um zweierlei zu gewährleisten: dass hier wirklich Angstreaktionen erhoben werden und dass mehrere Einschätzende auch zuverlässig die gleichen oder zumindest ähnliche Ergebnisse erzielen.

Gerade im Hinblick auf kleinere Kinder kommt auch die Beobachtung in spezifisch inszenierten Situationen in Frage: Auf diesem Wege können gezielte und differenzierte Informationen dazu gesammelt werden, inwiefern ein Kind in bestimmten Situationen ängstlich reagiert, seien dies Spielsituationen, etwa das Spiel mit Puppen, Rollenspiel oder andere soziale Herausforderungen.

5.2 Erhebungen des bewussten Selbsterlebens

Dieser diagnostische Weg wird am häufigsten beschritten, und hier lassen sich auch die meisten konkreten Verfahren finden. Im Hinblick auf das Erleben von Angst ist er aber auch von besonderer Bedeutung, da internalisierende Problematiken häufig von Außenstehenden nicht oder nicht ausreichend erkannt werden (vgl. Adornetto & Schneider 2009, 262).

In Frage kommt grundsätzlich die Erhebung von Angstaspekten über ganz allgemeine Screeningverfahren zu psychischen Störungen bzw. Verhaltensauffälligkeiten. Hierzu werden der YSR sowie der SDQ-Deut weiter unten unter 5.4 im Rahmen von Möglichkeiten der Fremdbeurteilung mit angesprochen, da es sich um besondere Varianten von Fremdbeurteilungsverfahren handelt.

Von besonderer Bedeutung sind Fragebogenverfahren, mit deren Hilfe direkt Angst und Ängstlichkeit ermittelt werden soll. Die beiden namhaftesten Verfahren sind die Folgenden:

- Der Angstfragebogen für Schüler (AFS) von Wieczerkowski u. a. (vgl. 2000) ist sehr verbreitet. Es handelt sich um ein Selbstbeurteilungsverfahren mit 50 Items, die vier Skalen zugeordnet sind: „manifeste Angst“ (als eine Art dispositioneller Ängstlichkeit), „Prüfungsangst“, „Schulunlust“ sowie ergänzend eine Skala zu „sozialer Erwünschtheit“, um die mögliche Verzerrung der Ergebnisse beurteilen zu können. Der AFS ist ab 9 und bis 16/17 Jahren einsetzbar, jeweils alternativ im Einzel- oder auch Gruppentest. Parallel zum Schülerfragebogen sind Einschätzungsskalen für Lehrer und Gruppenleiter entwickelt worden, mit deren Hilfe subjektive Eindrücke hinsichtlich der vier Dimensionen bezogen auf die Klasse oder Gruppe anhand einer siebenstufigen Skalierung vorab erfasst („vorhergesagt“) werden sollen. Die Überprüfung individueller Ergebnisse anhand von Normen ist möglich.
- Der Kinder-Angst-Test II (KAT II) von Thurner & Tewes (vgl. 2000) basiert auf einem älteren Verfahren zur Untersuchung dispositioneller Ängstlichkeit, ist jedoch neu konzipiert. Der KAT II untersucht über etwa 40 Items hinweg zum einen Zustandsängste (nochmals getrennt in Angst vor und nach einer Situation, also prospektiv und

retrospektiv), zum anderen die allgemeine Ängstlichkeit. Der KAT II ist im Altersbereich zwischen 9 und 15 Jahren einsetzbar, jeweils alternativ im Einzel- oder auch Gruppentest. Auch für dieses Verfahren liegen Normen vor.

Knappe und damit ökonomische Verfahren zur Erhebung von Ängsten in sozialen Situationen sind die deutschen Versionen der „Fear of Negative Evaluation Scale“ (FNE) („Angst vor negativer Bewertung“) sowie die „Social Avoidance and Distress Scale“ (SADS) (Skala „Vermeidung sozialer Situationen“) (vgl. Mitte u. a. 2007, 42 f.; Antony u. a. 2001, 167 ff.). Eine Diagnostik klinisch relevanter Ängste in diesem Bereich ermöglicht das „Sozialphobie und -angstinventar für Kinder“ (SPAIK; Melfsen, Florin & Warnke 2001). Das „Differentielle Leistungsangst-Inventar“ (DAI) von Rost & Schermer (vgl. 1997) eignet sich zur Beurteilung von Prüfungsängsten. Es erfasst neben Angstmanifestationen auch drei typische Auslösefaktoren sowie stabilisierende Bedingungen von Leistungsängstlichkeit.

Viele traditionell häufig genutzte Verfahren wie etwa der AFS sowie der KAT II können erst ab dem mittleren Kindesalter eingesetzt werden. Für gute Prävention und Frühintervention ist es aber oft wichtig, auch Angstproblematiken bei jüngeren Kindern gezielt erfassen zu können. Für den Bereich des Vorschul- und Grundschulalters liegen mittlerweile verschiedene weitere Verfahren zur Erhebung von Ängstlichkeit vor (vgl. zur Übersicht auch Mackowiak 2007, 114; Lugt, Kriependorf & Zulauf Logoz 2002 sowie Adornetto & Schneider 2009):

- Das „standardisierte Interview zur Erfassung der Ängstlichkeit im Kindesalter“ von Luget-Tappeser und Kriependorf (vgl. 1992) mit 25 Items soll bei 5–7-Jährigen verschiedene Ängste erfassen.
- Das „Angst-Interview“ von Becker u. a. (vgl. 2002) ist ein standardisiertes Interviewverfahren für Vorschulkinder im Alter von 5–6 Jahren, in dem sieben typische Angstsituationen über ein Bild eingeführt werden, um dann die angsterregende Situation in der Schilderung zu steigern und die Kinder zur Einschätzung ihrer Angst aufzufordern.
- Das „Bochumer Angstverfahren für Kinder im Vorschul- und Grundschulalter“ (BAV 3–11) (vgl. Mackowiak & Lengning 2002; Mackowiak 2006, zit. n. Mackowiak 2007) zielt darauf ab, Angst auf drei Ebenen zu erfassen: subjektives Erleben, Verhalten und Physiologie.

Es besteht aus einer Kinder- sowie einer Elternversion. Die Kinderversion ist für einen Einsatz ab 4 Jahren vorgesehen. Zu bedenken ist, dass Verhalten und Physiologie nur aus der Selbstschilderung heraus erfasst werden.

- Das „Kinder-Angst-Heft" von Federer u. a. (vgl. 2001) bezieht sich auf Kinder im Grundschulalter. Diesen werden 14 durch Illustrationen gestützte Angstsituationen vorgestellt, mit der Bitte, das Angsterleben einzuschätzen.
- Noch recht neu ist der „Picture Anxiety Test" (PAT) von Dubi & Schneider (vgl. 2009). Hier werden mittels 17 Items Tendenzen zu Angst und Vermeidung bei Kindern zwischen 4 und 8 Jahren erfasst. Das Verfahren ist, wie der Name schon verrät, bildgestützt. Zu bestimmten Ängsten werden jeweils zwei Bilder gezeigt mit der Aufforderung, sich selbst zuzuordnen sowie ergänzend auf einer vierstufigen Skala das eigene Erleben einzuschätzen. Es werden ein Angst-, ein Vermeidungs- und ein Gesamtwert ermittelt. Erste Validierungen verliefen positiv, allerdings mit kleiner und möglicherweise nicht ausreichend repräsentativer Stichprobe.
- Aus der gleichen Arbeitsgruppe heraus wurde das „Trennungsangst-Inventar" (TAI) entwickelt (vgl. In-Albon & Schneider 2011), mit dem in einer Kinderversion (TAI-K) sowie einer Elternversion (TAI-E) solche spezifischen Ängste erhoben werden.

Verschiedene weitere Verfahren, darunter auch unveröffentlichte, stellen Tuschen-Caffier, Kühl & Bender (vgl. 2009, 33 f.) zusammen. Neben spezifischen Verfahren zu Angst und Ängstlichkeit sind zusätzlich auch allgemeine Persönlichkeitstests zu nennen, die fast immer auch den Aspekt der Ängstlichkeit berücksichtigen. Ein Beispiel ist der „Persönlichkeitsfragebogen für Kinder und Jugendliche (PFK 9–14)" von Seitz & Rausche (vgl. 2004), der neben vielen anderen Persönlichkeitsmerkmalen auch die Aspekte der „emotionalen Erregbarkeit" und des „Selbsterlebens von allgemeiner (existentieller) Angst" berücksichtigt. Andere Beispiele sind das „Diagnostische Interview bei psychischen Störungen im Kindes- und Jugendalter" (Kinder-DIPS; vgl. Schneider, Unnewehr & Margraf 2009), das „Diagnostik-System für psychische Störungen im Kindes- und Jugendalter" (DISYPS-KJ; vgl. Döpfner & Lehmkuhl 2000), das CASCAP-D (vgl. Döpfner u. a. 1999) sowie das „Screening psychischer Störungen im Jugendalter“ (SPS-J; Hampel & Petermann 2005).

Die zuletzt genannten Erhebungsverfahren haben den Vorteil, dass sie teilweise sehr umfangreiche Vergleichsnormen für verschiedene Gruppen bieten, so dass die bei der Untersuchung eines Kindes oder Jugendlichen erzielten Ergebnisse in einen größeren Rahmen eingeordnet werden können. Dies dient der Einschätzung des Ausmaßes der Ängste.

Grundsätzlich ist darauf hinzuweisen, dass Erhebungen des Selbsterlebens immer mit Vorsicht zu betrachten sind: Ihre Basis sind die Mitteilungen der befragten Kinder und Jugendlichen.

Von ganz grundlegender Bedeutung zur Annäherung an das Selbsterleben ist das persönliche Gespräch. Hier können Ängste, ihr Erleben und auch mögliche Ursachen direkt erfragt werden. Allerdings bergen direkte Befragungen auch Probleme im Hinblick auf den Entwicklungsstand des Kindes: Sprachverständnis, Ausdrucksvermögen sowie die Fähigkeit zur Selbstreflexion und Introspektion sind gefordert. Für die erfolgreiche Durchführung von Verfahren sind auch die Herausbildung von Motivation und Konzentration bei den Kindern von Bedeutung (vgl. Adornetto & Schneider 2009, 265). Zusätzlich zu bedenken ist, dass gerade Ängste oft aus verschiedenen Gründen heraus nicht offen kommuniziert werden. „Zudem kann die Belastung aufgrund der Ängste dazu führen, dass das Kind nicht in der Lage ist, differenziert Auskunft zu geben“ (ebd.).

Eine interessante ergänzende Möglichkeit ist der Einsatz von Tagebüchern, soweit die betroffenen Kinder und Jugendlichen zustimmen, dass diese von anderen Menschen gelesen werden. Hierüber lassen sich gerade die Reaktionen in bedeutsamen Alltagssituationen erfassen (vgl. Tuschen-Caffier u. a. 2009, 35).

Von entscheidender Bedeutung ist die Tragfähigkeit der Beziehung zwischen Frager und Befragtem und die Herstellung einer vertrauensvollen Atmosphäre. Die angesprochenen Verfahren können hier, teilweise auf indirektem Wege gewonnene, wertvolle zusätzliche Informationen liefern.

5.3 Erhebungen nicht-bewusster Anteile

Selbsterleben ist mehr oder weniger bewusst; hier ist keine klare Trennlinie zu ziehen. Viele Aspekte des Selbsterlebens sind nicht oder kaum direkt bewusst. Dies gilt gerade für Kinder, die weniger reflektieren als Jugendliche oder Erwachsene. Solche Aspekte können jedoch *bewusstseinsfähig* sein, indem sie bei einer entsprechenden Zentrierung der Aufmerksamkeit ins Bewusstsein geraten. Auf der anderen Seite stehen dem – gerade im Hinblick auf Angst – Mechanismen der Verdrängung, der Verleugnung und der Verzerrung des eigenen Erlebens entgegen (siehe 3.2). Daher sind auch solche Verfahren interessant, mit denen versucht wird, an eher weniger bewusste und an verborgene Anteile heranzukommen. Verschiedene dieser Verfahren haben einen psychoanalytischen Hintergrund und sollten auf keinen Fall ohne eine solide Ausbildung durchgeführt werden, da schon die Auswertung, erst recht aber die Interpretation der Ergebnisse schwierig ist und hier erhebliche Fehler gemacht werden können. Mit ihnen erhobene Befunde können jedoch diagnostisch bedeutsame Erkenntnisse beitragen, welche „in die Tiefe" reichen.

Ein spezifisches Verfahren ist der „Schulangst-Test" (vgl. Husslein 1978). Dem Befragten werden zehn schwarz-weiße Bildtafeln mit schulischen Szenen vorgelegt, zu denen jeweils eine Geschichte erzählt werden soll. Es wird davon ausgegangen, dass in die Geschichten unbewusste Wünsche, Konflikte und eben auch Ängste eingehen. Die Tafeln sind so gestaltet, dass sie speziell Ängste ansprechen könnten. Dieses Verfahren ist im Hinblick auf die Erhebung weniger bewusster Angstanteile interessant, aber durchaus auch problematisch, was die Auswertungskriterien und die Auswertung selbst angeht. Es werden auch keine Vergleichswerte oder Normen geliefert. Insofern kann das Verfahren in keiner Weise als standardisiertes Diagnostikum gelten. Es könnte aber bei verantwortungsbewusstem Einsatz durchaus heuristische Hinweise auf Ängste und Ängstlichkeit liefern, wobei hinzuzufügen ist, dass sich die Motive der Bildtafeln getreu dem Testnamen auf den Handlungsbereich Schule beziehen.

Von allgemeinerem Charakter ist der „Children Apperception Test" (CAT; Bellak & Bellak 1955), in der deutschen Übersetzung „Kinder-Apperzeptions-Test" – ebenfalls ein projektives Verfahren. Dieses Verfahren bezieht sich weder auf Schule noch spezifisch auf Angst. Hier werden zehn Bildertafeln mit Tieren in verschiedenen Situationen eingesetzt, zu denen Kinder aufgefordert werden zu erzählen, was auf dem Bild vor sich geht. Das Verfahren ist geeignet für Kinder zwischen drei und zehn Jahren. Die Auswertung erfolgt rein qualitativ; Normen existieren nicht. Das Verfahren ist zum einen schon sehr alt, zum anderen aber auch in gewissem Maße „zeitlos". Es ermöglicht auch die Annäherung an mehr oder weniger unbewusste Ängste. Allerdings ist hier wiederum der projektive Charakter zu bedenken, der es unverzichtbar macht, dass das Verfahren von spezifisch qualifizierten Diagnostikern durchgeführt wird.

5.4 Erhebungen der Fremdbeurteilung

Fremdeinschätzungen durch andere Personen sind gerade bei jüngeren Kindern zumindest ergänzend von großer Bedeutung. Andererseits haben gerade bei Angst Außenstehende nur sehr bedingt Zugang. Auch erweist sich die Übereinstimmung zwischen Selbst- und Fremderleben häufig als eher gering. „Am schlechtesten stimmen Eltern und Kinder dann überein, wenn sie über die innere Befindlichkeit des Kindes befragt werden" (Schneider 2007, 265). Gerade aus diesem Grund sollten verschiedene Informationsquellen zurate gezogen werden, in jedem Falle bei Angst auch das Selbsterleben des Kindes. Besonders bedeutsame Informanten werden Eltern sein, aber auch Erzieher, Lehrer und andere erwachsene Personen, die mit den jeweiligen Kindern oder Jugendlichen arbeiten.

Auch hier können Informationen über gezielte Gespräche und Interviews gewonnen werden. Im Hinblick auf normierte Verfahren gibt es mittlerweile einige grobe Screeninginstrumente, die einen allgemeinen Überblick zu möglichen psychischen Problemen bzw. Auffälligkeiten des Verhaltens und Erlebens erlauben. Zwei recht bekannte und bewährte Verfahren sind die folgenden:

- Sehr verbreitet sind die deutschen Versionen der „Achenbach-Skalen", also der „Child Behavior Check List" (CBCL) und ihrer Zusatzverfahren. Die CBCL bietet eine multiple Verhaltens- und Psychodiagnostik von Verhaltensauffälligkeiten bei Kindern und Jugendlichen; mit unterschiedlichen parallelisierten Teilinstrumenten können verschiedene Adressaten befragt werden: Eltern mit der CBCL, Lehrer mit der „Teacher Report Form“ (TRF) und Kinder und Jugendliche selbst mit dem „Youth Self-Report“ (YSR). Die TRF ist einsetzbar bei Kindern und Jugendlichen von 4–18 Jahren; der YSR wurde entwickelt für Jugendliche von 11–18 Jahren (vgl. Döpfner, Berner & Lehmkuhl 1994a; 1994b; 1995; 1997; Döpfner u.a. 1994). Neben der Möglichkeit, Gesamtwerte für externalisierende und internalisierende Problematiken zu bilden, werden die über 100 Items in acht Skalen gebündelt. Im Hinblick auf Ängste ist die Skala „Angst/Depressivität“ (TRF) bzw. „ängstlich/depressiv“ (YSR) von besonderer Bedeutung; ergänzend sind auch die Skalen „sozialer Rückzug“ sowie „körperliche Beschwerden“ relevant. Zu den Achenbach-Skalen liegen differenzierte Normen vor; allerdings sind diese schon älteren Datums und stammen aus den USA. Vergleichsstudien sprechen für deren Verwendbarkeit auch bei deutschen Untersuchungen; eine breitere deutsche Normierung steht allerdings noch aus. Vorteile der Achenbach-Skalen liegen in ihrer Verbreitung, der Subdifferenzierung in acht Teilskalen, obwohl sie ein Screening-Instrument ist, sowie in der Mitaufnahme auch seltenerer Symptome und Problembereiche.

- Die deutsche Fassung des „Strength and Difficulties Questionnaire“ (SDQ-Deu) (vgl. Klasen u.a. 2003) ist ein kurzes, verhaltensorientiertes Frageverfahren, das sich an Eltern und Lehrer von 4–16-jährigen Kindern und Jugendlichen richtet. Es steht auch eine Selbstberichts-Version zur Verfügung. Das Verfahren wurde zunächst in der englischen Fassung umfangreich evaluiert, anschließend auch in der deutschen; es liegen auch deutsche Normen vor. Die nur 25 Items verteilen sich zahlengleich auf fünf Skalen und berücksichtigen externalisierende wie auch internalisierende Problematiken. Im Hinblick auf Angstdiagnostik ist die Skala „emotionale Probleme“ von Bedeutung. Hier wird nach körperlichen Symptomen, Bedrücktheit und Unglücklich-Wirken, Niedergeschlagenheit, häufigem Weinen, Nervosität, Anklammerung in neuen Situationen, geringem Selbstvertrauen sowie häufigen Angstreaktionen gefragt. Die Skalierung der Items ist recht grob (0–2). Besondere Vorteile des SDQ liegen darin, dass das Verfahren sehr kurz und einfach auswertbar ist sowie kostenfrei aus dem Internet bezogen werden kann. Das SDQ ist sowohl schwächen- als auch stärkenorientiert.

Für den vorschulischen Bereich empfehlen Adornetto & Schneider (vgl. 2009, 264f.) zum einen den „Verhaltensbeurteilungsbogen für Vorschulkinder" (VBV 3–6; Döpfner u.a. 2001), insbesondere dessen Skala „emotionale Auffälligkeiten", sowie den „Fremdbeurteilungsbogen für Angst- und Zwangsstörungen für Eltern, Lehrer oder Erzieher" (FBB-ANZ; vgl. Döpfner, Götz-Dorten & Lehmkuhl 2008).

5.5 Erhebungen im Umfeld und zu situativen Bedingungen

Die bisher dargestellten diagnostischen Verfahren richten sich durchweg auf das Kind oder den Jugendlichen. Es ist allerdings unverzichtbar, auch die aktuellen situativen Umstände mit in den Blick zu nehmen: Möglicherweise können bestimmte Bedrohungen oder Belastungen Ängste hervorrufen oder zumindest mit beeinflussen und verstärken. In Frage kommen alle Felder, in denen sich das Kind oder der Jugendliche bewegt und aufhält. Grundsätzlich wurde in Kapitel 3 deutlich, dass zum einen die Eltern über ihr Verhalten unter Umständen erheblich zur Entstehung oder Aufrechterhaltung von Ängsten beitragen können – über längere Zeit hinweg, aber auch ganz aktuell. Zum anderen kommt auch den weiteren Lebensfeldern von Kindern und Jugendlichen große Bedeutung für die Entstehung und Verstärkung von Ängsten zu. Im besonderen Vordergrund stehen hier Schule und Klasse. Schließlich sind auch die besonderen „bereichsspezifischen Ängstlichkeiten" zu bedenken, wie sie unter 1.2 erwähnt wurden: als bedrohlich erlebte Bewertungssituationen, soziale Situationen sowie auch physische Bedrohungssituationen.

Von spezifischer Bedeutung sind folgende Aspekte:

- Situationen sozialer Isolierung des Kindes oder Jugendlichen in Kindergarten, Schule oder privatem Umfeld;

- psychische und physische Bedrohungen (Gewalt) gegenüber dem Kind oder Jugendlichen – in Familie, Schule und Freizeit;
- Belastungen durch verschiedene Lebensumstände (familiäre Konflikte, Trennung und Scheidung, Erkrankungen, Todesfälle, Arbeitslosigkeit, Armut und sozialer Abstieg, aber auch Lehrerwechsel, Klassen- bzw. Gruppenwechsel usw.);
- Aspekte der Erziehung und Sozialisation.

Die Felder Kindergarten oder Schule sind für eine Einschätzung oder diagnostische Beurteilung in der Regel am einfachsten zugänglich. Andererseits wird eine neutrale Sicht hier dann besonders schwierig sein, wenn der Diagnostiker selbst dem entsprechenden Feld entstammt. In Kapitel 3 wurde auf die problematischen Einflüsse von Schulklima und Klassenatmosphäre aufmerksam gemacht. Es ist sehr wichtig, dies auch bei einer Einschätzung oder expliziten Diagnostik näher zu untersuchen: die gegenseitige Achtung zwischen den Schülern, aber auch seitens der Lehrer für die Schüler, starker Leistungs- und Konkurrenzdruck, Gestaltungs- und Mitentscheidungsmöglichkeiten der Schüler und damit ihre Beteiligung und Kontrolle im Geschehen sowie schließlich das Maß angemessener Kontrolle und Disziplin im schulischen Geschehen. Methodisch kommen hier offenere Verfahren in Frage wie Explorationen, Verhaltensbeobachtungen und Gespräche mit unterschiedlichen Beteiligten sowie auch den Eltern und ihrem Erleben der Unterrichtsatmosphäre und Schulkultur.

Im Hinblick auf Angststörungen empfehlen Adornetto & Schneider (vgl. 2009) eine Familiendiagnostik, auch mit Hilfe spezifischer Verfahren. Die Eltern sollten aufgrund der Bedeutung elterlicher Angststörungen für die Störungsgenese bei den Kindern auch auf ihre eigenen Ängste hin untersucht werden. Unterstützend können hier spezifische angstdiagnostische Verfahren für Erwachsene zum Einsatz kommen (vgl. etwa Adornetto & Schneider 2009, 264). Die letztgenannten Autoren empfehlen auch die Erfassung des elterlichen Erziehungsstils sowie der genannten familiären Merkmale. Unter Bezug auf die unter 3.1.3 und 3.1.4 zusammengefassten Aspekte ist hier auch auf besondere Erziehungsbedingungen wie etwa Überbehütung, zu große Zurückhaltung, mangelnde Akzeptanz des Kindes, Neigung zur Sensitivierung sowie Bindungsproblematiken zu achten. Gerade die durch Forschung belegten potenziell problematischen Aspekte im Hinblick auf Modellverhalten, Bindung, Erziehungsstile und Kontrollerfahrungen bedürfen besonderer diagnostischer Berücksichtigung und sollten die Umfelddiagnostik leiten; hieraus können sich wesentliche Förderempfehlungen im Hinblick auf Umfeld, Familie und Eltern ergeben.

6

Therapeutische Ansätze im Hinblick auf Angststörungen

Im Prinzip werden aus allen psychotherapeutischen Schulen heraus Angebote auch zur Therapie von Ängstlichkeit und Angststörungen gemacht. In diesem Kapitel werden die zentralen Theorien zu Angst aufgenommen, die unter 3.2 angesprochen wurden: Lernpsychologie, kognitive Psychologie und Psychoanalyse. Im Folgenden werden knapp einige wesentliche Leitlinien aus diesen drei klassischen psychologischen Ansätzen heraus vorgestellt. Dies wird ergänzt durch den im Hinblick auf Kinder besonders relevanten, aus unterschiedlichen theoretischen Schulen heraus betriebenen Ansatz der Spieltherapie. Jeweils folgen auch einige knappe Gedanken zur Frage der Effektivität und Evaluation bezogen auf die Therapieform allgemein (und damit insbesondere bei Erwachsenen) sowie spezifischer im Hinblick auf Kinder. Einleitend wird kurz die Therapie von Ängstlichkeit über Pharmaka, insbesondere Psychopharmaka, angesprochen.

Die Dichte der psychotherapeutischen Behandlung von Angststörungen in Deutschland erweist sich im internationalen Vergleich als recht hoch. Dennoch wird nach wie vor ein Großteil der Betroffenen nicht behandelt. Eine Untersuchung von Runge u.a. (2008) kommt zu dem Ergebnis, dass die unter 20-Jährigen bei fast allen Behandlungsformen die geringsten Behandlungsraten aufweisen, was sich auch in anderen Studien zeigte (vgl. ebd., 32). Zudem gibt es deutliche Geschlechtseffekte, indem Männer seltener eine Psychotherapie in Anspruch zu nehmen scheinen als Frauen.

Warum überhaupt eine ausführlichere Thematisierung psychotherapeutischer Möglichkeiten in einer pädagogisch ausgerichteten Arbeit? Selbst in klinischen Kontexten wird vor dem oder parallel zum Einsatz therapeutischer Verfahren auch mit Psychoedukation gearbeitet, indem Kinder über das Erscheinungsbild normaler und pathologischer Ängste sowie über die Symptomebenen und -aspekte der Ausprägung von Angst informiert werden. „Diese Informationen stellen die Grundlage dafür da, um das Kind anzuleiten, eigene Symptome der Angst, Befürchtungen und Bewältigungsstrategien zu trennen" (Schneider 2007, 267). Insbesondere aber ergeben sich aus therapeutischen Ansätzen zum Umgang mit Ängsten und Angststörungen theorieorientierte Leitlinien professionellen Handelns, die bei aller notwendigen Unterscheidung zwischen therapeutischem und pädagogischem Arbeiten auch für letzteres ausgewertet werden können. Dem entsprechend finden sich hier verschiedenste Ansatzpunkte, die im nachfolgenden Kapitel 8 inhaltlich weiter verfolgt werden.

6.1 Ein kurzer Exkurs: Psychopharmaka-Therapie

Häufig kommen bei der Behandlung von Angststörungen auch Psychopharmaka zum Einsatz, auch im Rahmen der Kombination gemeinsam mit Psychotherapie. Dabei kann eine medikamentöse Therapie durchaus hilfreich sein, ist jedoch, gerade bei Kindern und Jugendlichen, immer auch kritisch zu hinterfragen. Sie wirkt lediglich symptomatisch, insbesondere auf Physiologie, aber auch auf Emotionalität. Für eine Übergangs- bzw. Krisenzeit kann eine solche Therapie jedoch bei ausgeprägten Störungen wichtige Funktionen erfüllen. Sie sollte andererseits in ernsthafteren Fällen von Angst und Ängstlichkeit nur begleitend zu einer Psychotherapie stattfinden. Entsprechend weisen auch Wolff-Menzler, Seidler-Brandler & Bandelow (vgl. 2003) sowie Lugt, Kriependorf & Zulauf Logoz (2002) darauf hin, dass sich häufig Kombinationstherapien als effektiv erweisen. „Eine reine psychopharmakologische Behandlung kann bei Wartezeiten auf eine Psychotherapie und in Notfällen indiziert sein oder wenn die Angststörung so schwerwiegend ist, dass ohne eine psychopharmakologische Behandlung die Psycho*therapie* nicht begonnen werden kann" (In-Albon 2011, 153). Kombinations*therapie* kann hier in weiterem Sinne auch als Kombinations*förderung* verstanden werden, welche auch pädagogische Maßnahmen implizieren könnte, um einen nachhaltigen Erfolg zu sichern.

„Insgesamt ist festzustellen, dass es bisher viel zu wenig gut kontrollierte Studien gibt, die einen systematischen Einsatz der Pharmakotherapie auch bei Kindern und Jugendlichen mit Angststörungen […] nahelegen" (Lugt u. a. 2002, 117). Wolff-Menzler u. a. (vgl. 2003) bieten einen Überblick zum Einsatz von Psychopharmaka, auch bezogen auf bestimmte Formen von Angststörungen. Zu bedenken ist, dass eine medikamentöse Behandlung die Durchführung einer Psychotherapie zum einen erleichtern kann, zum anderen unter Umständen aber durchaus auch deren Effekte zu beeinträchtigen vermag.

Im Vordergrund der medikamentösen Behandlung von Angststörungen bei Kindern und Jugendlichen stehen Antidepressiva sowie Anxiolytika (vgl. Lugt u. a.2002, 116), in jüngerer Zeit spezifischer auch die Selektiven Serotonin-Wiederaufnahmehemmer (SSRI; vgl. In-Albon 2011, 153 f.).

Für Pädagogen ist es wichtig, möglichst Kenntnis darüber zu haben, ob Kinder oder Jugendliche, die Angstsymptome zeigen, eine medikamentöse Behandlung erfahren, welche Mittel eingesetzt werden und wie diese im Wesentlichen wirken. Dies ist hilfreich, um die Situation der Betroffenen sowie ihr Erleben und Verhalten besser einschätzen zu können. Daher bedarf es des Austausches und der Zusammenarbeit mit den entsprechenden Medizinern sowie anderen Professionellen, die im Rahmen einer Angststörung involviert sind.

6.2 Lerntheoretisch fundierte Angsttherapie

Für diese Form der Therapie von Ängsten und Phobien werden grundsätzlich jene Lerngesetze genutzt, die aus lerntheoretischer Sicht auch die Entstehung von pathologischen Ängsten und Ängstlichkeit erklären: klassisches und operantes Konditionieren sowie Modelllernen. Diese werden häufig in bestimmter Weise kombiniert.

Verbreitet ist dabei gerade in der Angst-Therapie und noch spezifischer bei Phobien (umschriebene Angst-Situationen bzw. umschriebene Angst-Objekte) die Methode der systematischen Desensibilisierung (SD). Angestrebt wird eine systematische Annäherung an das Angst-Objekt bzw. die Angstsituation, organisiert über eine zuvor erstellte „Angsthierarchie". Diese wird dann, von den die geringste Angst auslösenden Situationen ausgehend, durchlaufen. Die Annäherung wird kombiniert mit dem Verfahren der „Gegenkonditionierung", indem die Angstsituation mit einem mit Angst unvereinbaren bzw. angenehmen Reiz gekoppelt wird. Dies könnte für Kinder beispielsweise Essen sein. Oft werden auch Entspannungsverfahren in die SD-Therapie integriert: Es wird eine Form der Entspannung trainiert, die dann bei systematisch gesteigerter Darbietung von Angstreizen angezielt und beibehalten werden soll. Die Entspannung repräsentiert ein mit Angst unvereinbares Verhalten und soll als „Gegenkonditionierung" zu Erregung und Angst fungieren. Entspannungstrainings wie Progressive Muskelrelaxation, Autogenes Training (auch in kindgerechten Versionen) oder Atemtrainings sind bei Angstproblematiken grundsätzlich von großer Bedeutung. „Ihr Einsatz scheint v. a. dann indiziert, wenn körperliche Symptome im Vordergrund stehen" (Schneider 2007, 270).

Anstelle einer systematischen Desensibilisierung „in vivo" können bei etwas älteren Klienten, etwa Jugendlichen, auch kognitive Elemente miteinbezogen werden, indem sie sich beispielsweise eine angsterzeugende Situation in verschiedenen Graden zunächst lediglich vorstellen („in sensu"). Eine Kombination kann mit Elementen des Modellernens erfolgen, etwa über die Anwesenheit von nicht-ängstlichen Kindern in einer Angstsituation. Und letztlich wird etwa Essen im Hinblick auf das Ausharren des Kindes in der Angstsituation auch verstärkend, also operant wirken, obwohl das Essen hier prinzipiell im Sinne einer klassischen Konditionierung eingesetzt wurde.

Auch für dieses häufig genutzte Verfahren sind Probleme zu bedenken: So weisen Lugt u. a. (vgl. 2002, 118) darauf hin, dass gerade jüngere Kinder Schwierigkeiten mit den Entspannungsinstruktionen oder auch mit Vorstellungen hätten. „In-Vivo"-Methoden seien erfolgreicher.

In den letzten Jahrzehnten wurden Verfahren der Reizüberflutung und Implosion für Kinder und auch Jugendliche als eher randständig betrachtet (vgl. Ross & Petermann 1987, 144 ff.; Essau & Petermann 1997); insbesondere aus ethischen Gründen wurden sie eher selten eingesetzt und nur dann als empfehlenswert beurteilt, wenn andere Verfahren versagt haben. Mittlerweile sind sie durchaus verbreitet, allerdings nach wie vor kaum bei Kindern, sondern eher bei Jugendlichen (vgl. Schneider 2007, 271; Lugt u. a. 2002, 119). Die ethischen Bedenken sind damit allerdings nicht vom Tisch. Im Rahmen dieser Vorgehensweisen werden Klienten mit den angstauslösenden Objekten oder Situationen direkt konfrontiert. Dabei wird unterschieden zwischen „Implosion", bei der sich der Klient das angstauslösende Objekt in übertriebener Form bildlich vorstellt (in sensu), und der eigentlichen „Reizüberflutung" (flooding; in vivo), indem sich der Klient real den subjektiv bedrohlich erscheinenden Bedingungen seiner Phobie aussetzt. Beides geschieht unter kontrollierten Bedingungen. Hintergrund ist der Gedanke aus Mowrers Zwei-Phasen-Theorie, dass hier eine starke Meidung vorliegt, welche die Angst aufrechterhält. Die Person soll erleben, dass es keinen triftigen Grund für die Angst gibt; lernpsychologisches Ziel ist ein Habituationseffekt. Zur Stärkung des Transfers werden die Konfrontationen häufig mit Hausaufgaben verbunden (vgl. Schneider 2007, 270).

Eine wichtige Voraussetzung ist gerade für Konfrontationsverfahren, dass die Klienten sich freiwillig zu dieser Therapie entscheiden – und oft schon Verschiedenstes vergeblich erprobt wurde. Eine solche Bewusstheit der freien Entscheidung muss bei Kindern, aber auch bei Jugendlichen sehr kritisch hinterfragt werden.

Zur Unterstützung der Motivation des Kindes für eine Angsttherapie werden teilweise auch operante Verfahren eingesetzt, also Verstärker für die Absolvierung bestimmter Aufgaben und Schritte (vgl. Schneider 2007, 269).

Auf Verhaltensebene wird häufig mit sozialen Kompetenztrainings gearbeitet, um den Umgang mit sozialen Situationen zu fördern und dadurch Ängste zu reduzieren. Dies geschieht verbreitet über Rollenspiele und deren Bearbeitung (vgl. Schneider 2007, 269).

Davison & Neale (2002, 645) zufolge wird Systematische Desensibilisierung selten allein angewandt, sondern zumeist durch Trainings ergänzt, etwa im Hinblick auf Gesprächsführung oder soziale Fertigkeiten. „In vielen Studien wird nachgewiesen, dass die Konfrontation ängstlicher Menschen mit dem Gegenstand ihrer Angst oder ihres Unwohlseins – in der Vorstellung wie bei Wolpes Technik oder im realen Leben – in der Regel zu einer deutlichen Verminderung ihrer unrealistischen Ängste führt. Ob es (wie Wolpe ursprünglich behauptete) notwendig ist, die Konfrontation mit Entspannung zu verknüpfen, ist weit weniger gesichert: Es erscheint immer wahrscheinlicher, dass der ängstliche Mensch durch die Entspannung ermutigt wird, sich Angst einflößenden Ereignissen auszusetzen, sie also eine Art Sicherheitsnetz darstellt, das den Betroffenen Mut macht, sich dem zu stellen, was sie bislang versuchten zu vermeiden“ (ebd.).

Wie steht es mit der Wirksamkeit dieser Verfahren? „Nach den Richtlinien der American Psychological Association's Division 12 (Klinische Psychologie) [...] haben bei der Behandlung von spezifischen Phobien, Trennungsangst und der Störung mit Überängstlichkeit – den häufigsten Ängsten und Angststörungen im Kindes- und Jugendalter – behaviorale und verhaltenstheoretisch-kognitive Interventionen ihre Effektivität empirisch nachgewiesen“ (Lugt u. a. 2002, 117; vgl. auch Schneider 2007 sowie differenzierter In-Albon & Schneider 2007). Unter Hinweis auf den seltenen Einsatz von Verfahren der Überflutung und Implosion stellten Essau & Petermann 1997 fest, dass hierzu auch kaum verwertbare Evaluationsbefunde vorlägen. Dies ist mittlerweile nicht mehr so. Schneider (vgl. 2003, 50 f.; 2005, 875 ff.) beurteilt im Hinblick auf den Forschungsstand insbesondere Verfahren der Reizkonfrontation, operantes Vorgehen, also Verstärkerprogramme sowie teilnehmendes Modelllernen als gut überprüft und wirksam. Desensibilisierung wird als wahrscheinlich wirksam, aber noch nicht ausreichend überprüft beurteilt (vgl. auch Essau 2003, 264 im Hinblick auf Phobien).

Jedoch soll Kritik nicht verschwiegen werden: So verweist zwar auch Schmidtchen (vgl. 1989, 200) auf starke Effekte der lernpsychologischen

Verfahren, die aber insbesondere kurzfristig seien und später auf das Niveau der Wirkung anderer Therapieverfahren absänken. Von großem (strategischem) Vorteil ist hier die exakte Kontroll- und Nachweismöglichkeit im Vergleich mit anderen Ansätzen. Daher sei die Verhaltenstherapie die am intensivsten evaluierte Therapieform. „Ihre große Bedeutung liegt in der symptomatischen Behandlung des gestörten Verhaltens. Weniger erfolgreich ist sie bei wachstumsorientierten Zielsetzungen. Hier ist die Spieltherapie erfolgreicher" (ebd., 201). Auch Lugt u.a. (2002, 117) weisen darauf hin, dass Interventionsverfahren mit anderen theoretischen Hintergründen, etwa personenzentrierte, psychodynamische oder familientherapeutische, deutlich weniger untersucht seien.

6.3 Kognitive Angsttherapie

„Ziel kognitiver Interventionen ist es, das Kind darin zu schulen, seine angstfördernden Gedanken zu erkennen, zu überprüfen und zu verändern. Durch gezielte Verhaltensexperimente [...] wird es dazu angeleitet, seine Befürchtungen während der Angst auf ihren Realitätsgehalt zu überprüfen" (Schneider 2007, 267). Häufig werden im Rahmen kognitiv ausgerichteter Therapie positive Selbstaussagen sowie auch Problemlösestrategien entwickelt und in der Folge eingearbeitet oder erprobt. Im Zentrum steht die Arbeit an Erwartungen, Bewertungen und Attributionen. Möglich ist auch das Ansetzen an den persönlichen, möglicherweise Druck und Angst erzeugenden Werten (Valenzen), die Förderung der Problemlösekompetenz zum Umgang mit angsterzeugenden Situationen oder die Lenkung der Aufmerksamkeit auf andere Reaktionen als Angst und Panik (vgl. etwa Schmidt-Traub 2003). Kognitive Verfahren werden häufig bei älteren Kindern und Jugendlichen eingesetzt, weniger bei jüngeren Kindern.

Im Rahmen dieser Verfahren arbeitet man oft mit Selbstverbalisationen, indem die Klienten lernen, sich selbst bestimmte Sätze zu sagen: „Ich rege mich nicht auf!", „Ich bleibe gelassen!", „Ich schaffe das!" (vgl. etwa In-Albon 2011, 131). Hier kann ergänzend auch „kognitives

Modellieren" eingesetzt werden, indem ein Modell solche und ähnliche Selbstinstruktionen in für den Klienten angsterzeugenden Situationen vorspricht und sich entsprechend verhält. Unterstützend können auch bestimmte Figuren und Modelle fungieren, die Kindern bekannt sind.

Auch der mächtige Einfluss von Besorgtheits-Gedanken, die etwa bei Ausgabenausführungen störend wirken, kann kognitiv angegangen werden. Ziel ist es dann, Klienten auf solche Gedanken aufmerksam zu machen und für sie zu sensibilisieren, um zu versuchen, sie mit „Stop!"-Gedanken zu beenden. Hilfreich kann hierbei auch der Einsatz von Instruktionskarten sein, wie sie etwa Petermann & Petermann (vgl. 2010) verwenden.

Klassiker der Vorgehensweisen ist das Selbstinstruktions-Training von Meichenbaum (vgl. 1975). Hier sollen in einem dreischrittigen Vorgehen problematische, angsterzeugende Selbstverbalisationen durch positive, konstruktive, bewältigungsorientierte ersetzt werden. Im Rückgriff auf das Angst- und Stresskonzept von Lazarus (siehe 3.2.2.2) könnte eine kognitive Intervention an drei Punkten ansetzen: zum einen an der unangemessenen, Angst hervorrufenden Bewertung von harmlosen Situationen als bedrohlich (primary appraisal), zum anderen an der möglicherweise beeinträchtigten Suche nach Ressourcen (secondary appraisal) und schließlich auch an der Strukturierung und Bewusstmachung der Ressourcen selbst (in Anbetracht der Möglichkeiten instrumenteller und palliativer Bewältigung).

Für die Arbeit mit Kindern weist Schneider (vgl. 2007, 267 f.) darauf hin, dass es oft für diese leichter ist, die in Angstsituationen auftretenden Gefühle zu bearbeiten, bevor die Gedanken thematisiert werden.

Es gibt schon lange Ansätze, die verschiedene Zielebenen kombinieren. So erzielte bereits Meichenbaum (vgl. 1972; zit. n. Heckhausen 1989, 229) positive Effekte im Rahmen einer gezielten Gruppentherapie zur Prüfungsängstlichkeit über mehrere Sitzungen. Er arbeitete zum einen einsichtsorientiert, indem Anlass, Natur und Wirkung der Selbstzweifel-Gedanken klargemacht wurden. Zum anderen bestand die Therapie aus einer modifizierten Form der Desensibilisierung: Zunächst wurden entspannende Vorstellungsbilder zur Angstbewältigung und Selbstinstruktionen zur Aufgabenzentrierung eingeübt. Die entsprechend geförderte Gruppe erwies sich einer unbehandelten Kontrollgruppe sowie einer reinen Desensibilisierungsgruppe (bloße

Entspannung) als überlegen. Auch nach einem Monat war dieser Effekt noch stabil.

In diesem Kapitel werden, theoriebasiert, lernpsychologische und kognitive Ansätze und Verfahren getrennt betrachtet. In der heutigen Praxis werden beide Ansatzpunkte aber häufig kombiniert in Form „kognitiv-behavioraler Programme“, die gerade in der Angsttherapie einen enormen Siegeszug angetreten haben (siehe das nachfolgende Kap. 7).

Vor allem im Hinblick auf Überängstlichkeit, Trennungsängste und soziale Phobien wurde die Effektivität kognitiver Behandlungsansätze nachgewiesen (vgl. Lugt u. a. 2002, 118). Schneider (vgl. 2005, 876) sowie Essau (2003, 264) beurteilen die eben erwähnten Kombinationsmodelle kognitiv-behavioraler Therapie sowohl für verschiedene Angststörungen als auch für Phobien als wahrscheinlich wirksam, allerdings noch nicht ausreichend überprüft. Es gibt Hinweise auf gute Langzeiteffekte (In-Albon 2011, 104).

6.4 Psychoanalytische Angsttherapie

Da die Psychoanalyse das Wirken unbewusster Triebimpulse annimmt, die vom Ich nicht zugelassen und daher verdrängt und mit Abwehrmechanismen „in Schach gehalten“ werden, sieht sie als ein wesentliches Therapieziel die Entwicklung von Bewusstheit hinsichtlich solcher Impulse. Dies wird als solches schon als heilsam beurteilt. Gerade Phobien werden als Phänomene betrachtet, bei denen durch Abwehrmechanismen ein ursprünglicher, intrapsychischer Konflikt auf das jeweilige Angstobjekt bzw. die Angstsituation verschoben wurde. Daher sind Bewusstheit und Einsicht in die „hinter“ den massiven Ängsten liegende Problematik aus dieser Perspektive ganz zentral. Ein zweiter Effekt psychoanalytischer Therapie liegt in der Katharsis, dem Abführen von aufgestauter emotionaler Energie in der geschützten Therapiesituation. Zentrale Methoden sind das freie Assoziieren, die Traumdeutung, die Aufdeckung von Übertragung und Gegenübertragung und die Bearbeitung von Abwehrmechanismen, die in der Therapiesituation auftauchen und dort wirken.

Grundsätzlich bescheinigen Davison & Neale (vgl. 2002, 639) der klassischen Psychoanalyse erhebliche Schwierigkeiten der Evaluierung, insbesondere aufgrund der konzeptionellen Unschärfe und Unklarheit, aber auch, da Evaluationsverfahren wiederum auf psychoanalytischem Hintergrund beruhten. Auch wird die „Wahrheit" einer Einsicht des Klienten kritisch hinterfragt. Allerdings werden psychodynamischen Kurzzeittherapien insgesamt eher positive Evaluationsergebnisse attestiert.

Im Hinblick auf Kinder wird diese Therapieform, bis auf Formen der Spieltherapie, recht selten erwogen. Psychoanalytische Psychotherapie beurteilt Schmidtchen (vgl. 1989, 214) im Hinblick auf Jugendliche als günstiger im Vergleich zu Nichtbehandlungen. Grundsätzlich zeigen sich sehr hohe Abbruchraten verschiedenster Formen von Psychotherapie für Jugendliche. Von Klitzing (vgl. 2007, 300 f.) führt allerdings durchaus einige, wenn auch kleinere Studien zur psychoanalytischen Therapie von Kindern mit affektiven Störungen an, die deutliche positive Wirkungen gezeigt hätten – insofern werden psychodynamische Therapieformen bei Kindern und Jugendlichen heute als „möglicherweise wirksam" beurteilt (vgl. Schneider 2003, 50; 2005, 876). Es fehlt an guten Effektivitätsstudien, was bei dieser komplexen Therapieform allerdings auch ein schwieriges Unterfangen darstellt.

6.5 Ein Beispiel des theoretischen „Schulenreichtums": Spieltherapie

Aufgrund der Bedeutung von Spiel für Kinder sollen abschließend Ansätze der Spieltherapie im Hinblick auf Angststörungen betrachtet werden. Dies liegt „quer" zu einer Orientierung an theoretischen Positionen; hier findet man unterschiedliche Ausrichtungen. Schmidtchen (vgl. 1989, 193 f.), der empirische Befunde zu den Effekten von spieltherapeutischen Verfahren diskutiert, stellt zu Spieltherapie dreierlei fest:

- Bei der Spieltherapie handelt es sich bislang eher um ein „Breitbandverfahren" mit unklarer Indikation und Zielstellung, dessen Effekte kaum genau vorhergesagt werden können.

- Im Hinblick auf seelisches Wachstum, Abbau von Angst, Verbesserung der allgemeinen (nicht unbedingt direkt schulischen) Lern- und Leistungsfähigkeit und Verringerung der Anzahl von Verhaltensauffälligkeiten ergeben sich tendenziell durchaus positive Effekte.
- Spieltherapie scheint nicht unbedingt generell für alle Störungsarten geeignet. „Sie ist am stärksten bei gehemmten, ängstlichen und retardierten Verhaltensweisen erfolgreich und wenn ein seelisches Wachstum durch eine mangelhafte Befriedigung der Grundbedürfnisse behindert worden ist“ (ebd., 194).

Damit erweist sich Spieltherapie gerade im Hinblick auf Ängstlichkeit und Angststörungen als ein wichtiges Verfahren. Je nach theoretischem Hintergrund lassen sich verschiedene Ausrichtungen unterscheiden:

Spieltherapeutische Konzepte entstanden in der Psychoanalyse. Bereits Sigmund Freud ging davon aus, dass deren klassische Methoden wie freies Assoziieren, Traumdeutungen oder Hypnose für die Arbeit mit Kindern wenig geeignet seien. In der Analyse des „kleinen Hans“ führte er das Spielen als Medium ein – allerdings nicht direkt, sondern über elterliche Informationen, die er diagnostizierte (vgl. Goetze 1993, 872). Seine Tochter Anna Freud arbeitete diesen Ansatz weiter aus; sie beschäftigte sich intensiv und spezifisch mit der psychoanalytischen Therapie von Kindern. Sie und Melanie Klein unterschieden sich deutlich in ihrer Sicht der Entwicklung und Bedeutung des kindlichen Über-Ich in der Therapie. Hans Zulliger lehnte Deutungen und Bewusstmachen in der Kinder-Spieltherapie völlig ab. „Durch die ‚heilenden Kräfte im kindlichen Spiel‘ selbst werden emotionale Spannungen abgebaut und Konfliktlösungen mit dem Therapeuten vorbereitet“ (Goetze 1993, 874).

Heute sehr bekannte und verbreitete Formen der Spieltherapie kommen aus der Humanistischen Psychotherapie heraus. Hier sind insbesondere zwei unterschiedliche Gruppen spieltherapeutischer Konzepte von Bedeutung:

- Zum einen hat sich eine Reihe von Ansätzen aus der klientenzentrierten Gesprächspsychotherapie nach Rogers entwickelt, wobei dasjenige von Axline (vgl. 1972), die Kinder-Spieltherapie im non-direktiven Verfahren, am bekanntesten wurde. Hier ist kennzeichnend, dass im Wesentlichen das spielende Kind die Struktur bestimmt und das therapeutische Setting weitgehend offen ausgerichtet ist; dem Kind wird die Führung und Aktivität überlassen. Der Spieltherapeut folgt in seinem Verhalten insbesondere den drei Therapeutenvariablen Akzeptanz, Empathie und Echtheit, die je nach Ansatz weiter ausdifferenziert oder auch leicht modifiziert werden.

- Zum anderen hat Oaklander (vgl. 1981) Elemente gestalttherapeutischer Arbeit für die Therapie, darunter auch die Spieltherapie, mit Kindern und Jugendlichen genutzt. Im Vordergrund der Arbeit stehen grundlegende Prinzipien der Gestalttherapie wie Kontakt und Widerstand; besonders prägend ist bei Oaklander aber auch die Einbeziehung eines sehr breiten Spektrums kreativer Methoden.

Humanistisch-psychologisch ausgerichtete Spieltherapie ist vor allem dadurch geprägt, dass dem Kind ein Raum zum freien Spielen gewährt wird. Die Therapeuten verhalten sich akzeptierend, einfühlsam und echt. Zentrale Ziele bestehen darin, dass das Kind sich als angenommen erlebt, so wie es ist, dass seine Ängste ernst genommen werden, dass sein Selbstkonzept gestärkt wird sowie dass es sich seiner Ängste bewusst wird und dadurch die Möglichkeit erhält, sie (mit Unterstützung des Therapeuten) anzugehen. Im Rahmen des Gruppenspiels besteht hier wiederum die Möglichkeit, andere Kinder bei nichtängstlichem Verhalten zu beobachten.

Schmidtchen (1989, 187) ordnet die Strategien und Techniken der verschiedenen Schulen der Spieltherapie auf einem Kontinuum zwischen zwei Polen: geringe gegenüber mittel-starker Lenkung. Diesen Polen weist er auf Basis des Forschungsstandes bestimmte Indikationen zu:

> „Von einem *mittel-starken Strukturierungsgrad* der Spieltherapie profitieren Kinder mit einer mangelhaft ausgebildeten Fähigkeit zum selbständigen Lernen und Denken (lernbehinderte und geistigbehinderte Kinder) oder Kinder mit fehler- oder mangelhaft introjizierten sozialen Normen und entsprechend gestörten oder eingeschränkten Selbstkontrollmechanismen. Des weiteren Kinder, die unter starken Selbstregulationsschwierigkeiten aufgrund von Hirnschädigungen leiden […].

> Ein *geringer Strukturierungsgrad*, er wird häufig als ein nicht-direktes Vorgehen bezeichnet [...], ist bei der Behandlung von Kindern mit ängstlichen und sozial gehemmten Verhaltens- und Spielweisen hilfreich. Im allgemeinen sind es Kinder, die stark bewertende Kontrollmechanismen besitzen und deren Bewertungen hauptsächlich mißerfolgsorientiert sind" (Schmidtchen 1989, 187 f.).

Um Schmidtchen selbst bildete sich eine Forschungsgruppe, die sich bemühte, das non-direktive Konzept zu systematisieren, zu überprüfen und weiterzuentwickeln – und zugleich die Frage der differentiellen Indikation unterschiedlicher Spieltherapieformen voranzubringen. Neben klassischen Momenten wurden auch stärker lenkende, lerntheoretisch fundierte Techniken mit aufgenommen. So wird etwa dem Arrangieren von Reizen seitens des Therapeuten ebenso eine Rolle beigemessen wie der Bekräftigung jener Verhaltensimpulse, Gefühle und Aktivitäten, die nach dessen Ansicht zur Bedürfnisbefriedigung und Problembewältigung für das Kind wichtig sind. Dabei wird auf eine zunehmende entsprechende Innenverstärkung des Klienten gehofft (vgl. Schmidtchen 1989, 190 f.). Weiterhin wurden neben Emotionen auch Denk- und Handlungsprozesse verstärkt berücksichtigt: etwa über eine Reflexion und Verbesserung des Umgangs mit Problemen. Auch finden explizit soziale Verhaltensweisen der Klienten gegenüber dem Therapeuten und anderen Kindern Unterstützung.

Schmidtchen (1989, 193 ff.) stellt einige Evaluationsbefunde für Spieltherapie in ergebnishaften Thesen zusammen:

> „1. Die Spieltherapie fördert ein *seelisches Wachstum* der Kinder. [...]. 2. Die Spieltherapie fördert einen *Abbau von Angst.* [...] 3. die Spieltherapie kann eine Verbesserung der *allgemeinen Lern- und Leistungsfähigkeit* bei Kindern mit Lern- und Leistungsstörungen bewirken. [...] 4. Die Spieltherapie kann eine *Verringerung der Anzahl von Verhaltensstörungen* bewirken. [...] Vor Beginn einer Therapie ist jedoch nicht gezielt vorhersagbar, welche Verhaltensstörungen durch die Therapie abgebaut werden könne. Da die Zielsetzung mehr bedürfnisorientiert ist, wird im Allgemeinen kein gezielter Einfluss

> auf eine spezifische Verhaltensproblematik vorgenommen" (ebd., 193 f.).

Spieltherapie eigne sich allerdings nachweislich nicht zur Behandlung jeder psychischen Störung, sondern insbesondere für die therapeutische Arbeit im Hinblick auf gehemmte, ängstliche und retardierte Verhaltensweisen – „und wenn ein seelisches Wachstum durch eine mangelhafte Befriedigung der Grundbedürfnisse behindert worden ist" (ebd., 194).

Goetze (vgl. 2008) bietet einen Überblick empirischer Evaluationsergebnisse zum Einsatz von Spieltherapie; dieser zeugt ganz grundsätzlich von den positiven Effekten unterschiedlicher spieltherapeutischer Ansätze. Besonders hohe Effektstärken ergaben sich für humanistische, nicht-direktive Therapieformen, niedrigere, aber durchaus beachtliche für lernpsychologisch ausgerichtete Ansätze. Bereits mit wenigen Sitzungen konnten gute Ergebnisse erzielt werden, die sich bei Verlängerung der Maßnahmen noch besserten. Elterliche Beteiligung hatte einen sehr positiven Einfluss.

6.6 Übergeordnete Aspekte der Effektivität

Wie bereits angesprochen wurde, ist der Trend psychotherapeutischer Arbeit bei Angststörungen in den vergangenen Jahren sehr stark in Richtung der Kombination behavioraler und kognitiver Ansätze gegangen. Im Bereich der Evaluationsstudien finden sich sogar fast nur solche Vorgehensweisen (vgl. In-Albon & Schneider 2007). Es besteht offenbar dringender Bedarf an Evaluation der Vorgehensweisen anderer Ansätze, deren Wirksamkeit nicht widerlegt, sondern schlicht zu wenig belegt ist – die aber teilweise schwieriger zu evaluieren sind als kognitive und lernpsychologische Konzepte. Ermutigend sind diesbezüglich die Erkenntnisse zur Wirkung humanistischer Formen der Spieltherapie.

Auf der anderen Seite gibt es deutliche Hinweise, dass kognitiv-behaviorale Therapiekonzepte bei Kindern sehr gut anschlagen (vgl. In-Albon & Schneider 2007; Schmidt-Traub 2003); parallel gilt dies auch für Depressivität. Die Effekte dürften zumeist auch recht stabil und langandauernd sein. Für manche Kinder ist eine kindzentrierte Therapie ausreichend, während sich für jüngere Kinder und Kinder, deren Eltern selbst eine Angststörung aufweisen, kombinierte Kind-Eltern-Therapien als hilfreicher erweisen. Die Effekte von Einzel- versus Gruppentherapie waren in der erwähnten Metaanalyse nicht wesentlich unterschiedlich. Differenziertere Studien zu den Effekten bei unterschiedlichen Formen von Angststörungen stehen allerdings noch aus.

Zunehmend werden die Eltern in verschiedensten Therapieprogrammen für Angststörungen bei Jugendlichen, insbesondere aber Kindern, mit bedacht und einbezogen. Das Spektrum reicht von Informationen zum Vorgehen in der Therapie über Sachinformationen bis hin zum ergänzenden therapeutischen Arbeiten mit den Eltern selbst. Während dies für systemische Therapiekonzepte selbstverständlich ist, findet es sich zunehmend auch in kognitiv-behavioralen Programmen.

Noch wenig geklärt ist die Frage, ob störungsübergreifende Vorgehensweisen und Programme solchen überlegen sind, die sich spezifischer auf bestimmte Angstformen hin orientieren, etwa generalisierte Ängste, Panikstörungen oder Phobien. Hier wird für das Erwachsenenalter mittlerweile deutlich stärker differenziert (vgl. Blatter & Schneider 2007, 128).

7

Programme und Trainings zur Prävention von Angststörungen und Förderung bei Ängstlichkeit

7.1 Einführung

In den vergangenen Jahrzehnten, insbesondere seit den 1970er Jahren, ist eine große Fülle von geschlossenen Trainings für unterschiedliche Funktionen und Problembereiche entstanden. Sie bieten, wenn sie differenziert entwickelt wurden, einen theoriebasierten, inhaltlich zusammenhängenden, gut begründeten und binnensystematisierten Komplex von Maßnahmen zur Förderung und sind zugleich häufig hinsichtlich ihrer Effekte empirisch evaluiert.

Insofern kann der Einsatz von Trainings hilfreich sein. Zu bedenken sind allerdings auch verschiedene Probleme: Auch Trainings kommen kaum ohne eine differenzierte Indikation aus. Erfolgt diese nicht, erweist sich der Einsatz von Trainings unter Umständen als ineffektiv oder gar wirkungslos. Häufig sind sie auch nicht einfach in den (pädagogischen) Alltag übertragbar; sie bedürfen der Anpassung an die konkreten Kinder bzw. die Gruppe, oft auch einer fachkompetenten Begleitung. Viele Trainings wurden nur von den Autoren selbst evaluiert; vonnöten wäre eine neutrale Evaluationsinstanz von außen. Zu bedenken ist auch, dass sich Trainings oft an der Förderung spezifischer Kompetenzen orientieren – die unter Umständen aber bereits verfügbar sind und nicht realisiert werden, etwa weil Blockaden vorliegen oder der Wille fehlt. Schließlich sollte darauf hingewiesen werden, dass durch den Einsatz eines Trainings oder Förderprogramms der zu fördernde Aspekt nicht automatisch „abgehakt" werden kann; unverzichtbar ist auch die Förderung im pädagogischen Alltag, „jenseits" des Trainings. „Nur wenn Prävention in die pädagogischen Maßnahmen der Lehrer und die Institution der Schule als Ganzes einbezogen wird – und umgekehrt – und von den Eltern als notwendig anerkannt wird, kann sie langfristig sinnvoll und wirksam sein" (Bach 2004, 201). Insofern kann die Kenntnis eines Trainings ohne dessen konkreten Einsatz auch eine helfende Orientierung für den erzieherischen Alltag dahingehend bieten, welche Aspekte angesichts einer Problemstellung gezielt zu fördern wären.

Im Vordergrund der nachfolgenden Zusammenstellung und Betrachtung stehen solche Programme, die entweder die pädagogische Prävention im Hinblick auf Angststörungen unterstützen oder auch der Förderung bei verfestigten Ängsten und Ängstlichkeit dienen können. Dabei erweist sich die Grenze zur Therapie durchaus als fließend. Allerdings werden auch solche Konzepte aufgenommen, die für therapeutische Settings vorgesehen sind, wenn sie zugleich Anregungen oder direkte Hilfen für pädagogische Kontexte bieten.

Eine recht aktuelle Übersicht zu den vorliegenden, deutschsprachigen evidenzbasierten Behandlungsprogrammen von Angststörungen im Kindes- und Jugendalter, differenziert für bestimmte Ängste und Phobien, findet sich bei Schneider (vgl. 2007, 266 f.). Einige dieser Programme sind für unterschiedliche Störungen indiziert. Weitere Kurzübersichten zu Präventionsprogrammen finden sich bei Tuschen-Caffier u. a. (2009, 46 f.) sowie bei Blatter & Schneider (vgl. 2007). „Ansatzpunkte dieser Programme sind dysfunktionale kognitive Muster wie stabile interne Ursachenattributionen von Misserfolg, unzutreffende Verallgemeinerungen, verstärkte Zuwendung zu und Fehlinterpretationen von körperlichen Reaktionen, aber auch Verhaltensmuster wie Vermeidung und sozialer Rückzug mit der Folge des Verlusts von sozialen Verstärkern" (Manz, Junge & Margraf 2001, 170).

7.2 Programme zur Prävention und Frühintervention

7.2.1 FREUNDE

Tab. 2: Die FREUNDE-Schritte (aus Blatter & Schneider 2007, 121)

F = Fühlst du dich besorgt?	1. Schritt: Identifikation der individuellen körperlichen Symptome und Nutzung dieser als Hinweisreiz, Bewältigungsstrategien anzuwenden
R = Relax und lass es dir gut gehen!	2. Schritt: Erlernen von Entspannungstechniken, Fokus auf positive Aktivitäten
E = Eigene Gedanken	3. Schritt: Umwandlung negativer Selbstgespräche in hilfreiche Gedanken
U = Untersuche, was du tun kannst	4. Schritt: Erlernen eines 6-Punkte-Plans zum Problemlösen
N = Nach dieser guten Arbeit kannst du dich belohnen	5. Schritt: Selbstbelohnung
D = Das Üben nicht vergessen	6. Schritt: Erinnerung an die Übungen
E = Entspannt und ruhig bleiben!	7. Schritt: Ermutigung, ruhig zu bleiben; Kind weiß jetzt mit Angst umzugehen

Das Programm FREUNDE ist eine deutsche Übertragung des australischen FRIENDS-Programms von Barrett, Dadds & Holland (vgl. 2000a; 2000b), welches wiederum auf zwei kognitiv-verhaltenstherapeutischen Programmen basiert: „Coping Cat" (vgl. Kendall & Hedtke 2006) sowie „Coping Coala". Ziel all dieser Programme ist die Prävention von Angstsymptomen, wobei sich FREUNDE sowohl als Präventions- als auch als Frühinterventionsprogramm versteht und für therapeutische Settings vorgesehen ist.

Die Bezeichnung FREUNDE steht für wesentliche Schritte der Angstbewältigung und soll Kindern eine Orientierung hierzu ermöglichen. Tabelle 2 bietet eine Übersicht dieser Schritte.

Während das englischsprachige Programm in zwei Versionen für Kinder (vgl. Barrett u. a. 2000a) sowie für Jugendliche (vgl. Barrett u. a. 2000b) vorliegt, wurde bisher nur die Kinderversion ins Deutsche übersetzt (vgl. Essau & Conradt 2003a; 2003b). Dieses Programm umfasst zwölf Sitzungen, wobei zehn im Wochenrhythmus durchgeführt werden und zwei Sitzungen zur Auffrischung nach ein bzw. drei Monaten dienen. Des Weiteren sind vier Elternsitzungen in Gruppenform vorgesehen.

Das Programm kann auch in Schulen durchgeführt werden.

Grundlage des Programms ist ein Drei-Komponenten-Modell von Angst, die in physiologische, kognitive und Lernprozesse differenziert wird. Zu diesen Komponenten wird je ein Therapiebaustein angeboten:

- Im ersten Baustein wird die Bewusstheit auf Körpersymptome gelenkt. Die Kinder sollen dabei auch lernen, diese als Hinweisreize zum gezielten Einsatz von Bewältigungsstrategien zu nutzen. Des Weiteren sollen sie tiefe Atmung und progressive Muskelrelaxation erlernen.
- Im zweiten Baustein stehen Angstgedanken im Vordergrund. Diese sollen identifiziert sowie zu hilfreichen Gedanken transformiert werden. Zugleich sollen die Kinder eine realistische Einschätzung eigener Bemühungen erwerben; sie sollen also ggf. wegkommen von einer perfektionistischen Einstellung. Auch auf unvollständige Lösungen oder Teilschritte sollen Selbstbelohnungen erfolgen.
- Im dritten Baustein sollen neue Bewältigungsstrategien zum Umgang mit Angst aufgebaut werden. Dabei wird auch ein Sechs-Stu-

fen-Modell zur Problemlösung eingesetzt. Probleme sollen in kleine, bewältigbare Teilschritte aufgelöst werden.

Aber auch Expositionsübungen sind im Programm vorgesehen, wobei Rangreihen progressiver Annäherung an Angstsituationen gebildet und dann bearbeitet werden.

In den Kindersitzungen sollen die Kinder vor allem Strategien lernen: körperliche Anzeichen von Angst identifizieren, angstfördernde Gedanken erkennen und überprüfen sowie Bewältigungsstrategien erarbeiten wie Entspannungsmöglichkeiten, Problemlösetechniken und Selbstbelohnung. In Gruppen tauschen sich die Kinder über die Strategien aus und sollen sich gegenseitig für Bemühungen und Fortschritte verstärken.

In den Elternsitzungen werden Informationen zum Programm gegeben, aber auch zu Möglichkeiten der Unterstützung. Hier finden sich Hilfen, um mit eigenen Ängsten besser umzugehen und eigene Kommunikations- und Problemlösefähigkeiten zu verbessern.

Das Programm wurde in verschiedenen Studien erfolgreich evaluiert (vgl. Bach 2004 sowie den Überblick bei Blatter & Schneider 2007, 122 f.); Ängste und auch depressive Symptome ließen sich damit reduzieren. „Des Weiteren wurde deutlich, dass das Programm nach sorgfältiger Einführung auch von Lehrern durchgeführt werden kann“ (Blatter & Schneider 2007, 122). Essau, Conradt & Ederer (vgl. 2004) konnten eine deutliche Zufriedenheit sowohl von Kindern als auch ihren Eltern mit der deutschen Fassung feststellen. Dies entspricht auch internationalen Befunden für das australische Original (vgl. Shortt, Barrett & Fox 2001). Beide Gruppen bei Blatter & Schneider (vgl. 2007), Eltern wie Kinder beurteilten hilfreiche Gedanken sowie Entspannungsübungen als besonders wichtig; für die Kinder war zusätzlich der Stufenplan bedeutsam, für Eltern die Hilfe für andere, sich wohl zu fühlen (ebd., 128). Den kognitiven Momenten kam auch bei Shortt u. a. (2001) für Eltern die größte Bedeutung zu, wobei insgesamt alle Kompetenten als wichtig beurteilt wurden.

Ein großer Teil der Eltern bei Blatter & Schneider (vgl. 2007) plädierte dafür, das Programm ins Schulcurriculum mit aufzunehmen. Diesbezüglich ist eine frühere Vergleichsstudie von Barrett & Turner (vgl. 2001) für die englischsprachige Version interessant, die zeigte, dass Lehrer mit dem Programm vergleichbare Effekte erzielten wie spezifisch trainierte Psychologen. Die Autoren schließen, dass das Programm erfolgreich mit einer schulbezogenen Population eingesetzt und in Klassencurricula integriert werden kann (ebd., 408). Dabei zeigten sich gerade auch positive Effekte für „Risikokinder". Für schulische Adaptationen interessant sind verschiedene Vorschläge der Weiterentwicklung, die Bach (vgl. 2004, 191 ff.) anhand seiner umfassenden Evaluationsstudie herausgearbeitet hat: etwa

- Auflockerung der Rahmenbedingungen und der Übungsstrukturen, auch durch mehr Zeit,
- Aufsplittung der Klasse in geschlechtsheterogene Teilgruppen,
- Arbeit im Zwei-Trainer-System,
- Reduzierung und Vereinfachung der sprachlichen Elemente sowie Erweiterung der Arbeitsformen zur stärkeren Aktivierung,
- Erweiterung der Möglichkeiten, konkrete neue Erfahrungen zu machen,
- stärkere Individualisierung der Angebote und Vertiefungen.

Hierin stecken sicher Empfehlungen, die auch für die Weiterentwicklung sowie den konkreten, adaptierten Einsatz anderer Programme hilfreich sein könnten.

7.2.2 Gesundheit und Optimismus (GO)

Das Programm „Gesundheit und Optimismus" wurde seit Ende der 1990er Jahre in Dresden entwickelt (vgl. Junge, Neumer, Manz & Margraf 2002). Es richtet sich an Jugendliche zwischen 14 und 18 Jahren und hat zwei Ziele: zum einen die Aktivierung allgemein gesundheitsfördernder Kompetenzen, zum anderen die Prävention des Entstehens von Angststörungen sowie Depressivität bzw. die Reduktion psychischer Beeinträchtigungen. „Es verfolgt das Ziel, allgemeine, gesundheitsfördernde Kompetenzen zu unterstützen und störungsspezifische Bewältigungsstrategien für Angst und Depression zu erarbeiten" (Blatter & Schneider 2007, 123).

Das Programm ist für den Einsatz in Schulen konzipiert. Es besteht aus acht 90-minütigen Einheiten. Diese sowie ihre Ziele sind in Tabelle 3 zusammengefasst. Vorgesehen sind Gruppen von 10–12 Personen. Im

Tab. 3: Inhaltsübersicht des Programms GO! (aus Junge, Neumer, Manz & Margraf 2002, 47 f.; vgl. auch Manz, Junge & Margraf 2001, 171)

Sitzung/Titel	Ziele
1. Einführung „Let's GO!"	• Gegenseitiges Kennenlernen • Einführung in das Programm • Erfahrungen mit Stress • Die vier Komponenten von Stress
2. Gedanken, Gefühle, Verhalten „Denken, Fühlen und Handeln"	• Ein Stressexperiment • Das Wechselspiel von Gedanken, Gefühlen, Körper und Verhalten
3. Angst I „Angst unter der Lupe"	• Was ist Angst? • Gesund oder krank? • Die Angstreaktion • Angst vor der Angst
4. Angst II „Sich in die Höhle des Löwen wagen"	• Spezifische und soziale Ängste • Aufrechterhaltung, Vorbeugung und Bewältigung von Angst • Strategien gegen Denkfehler und Vermeidungsverhalten
5. Depression „Die schwarze Brille"	• Depressive Stimmung und Depression • Aufrechterhaltung, Vorbeugung und Bewältigung depressiver Stimmung • Denk- und Verhaltensstrategien
6. Selbstsicherheit „Sich erfolgreich durchsetzen"	• Soziale Kompetenz • Schritte zur Selbstsicherheit • Übungen zur Selbstsicherheit
7. Stressbewältigung „Achtung: Hochspannung!"	• Stressbewältigung • Systematisches Problemlösen • Entspannung
8. Zusammenfassung und Abschluss „Das war's!"	• Wiederholung und Anwendung der erlernten Techniken • Richtig oder falsch? • Wie helfe ich anderen und wer hilft mir? • Rückmeldung und Kursabschluss

Gesamtbild werden vier Module gebildet: Angst, Depression, Training sozialer Kompetenzen sowie Stressbewältigung (unter Einschluss von systematischem Problemlösen und Entspannung) (vgl. Manz u. a. 2001, 170). Das Programm ist so konzipiert, dass es prinzipiell auch durch Nicht-Psychologen durchgeführt werden kann.

Das Konzept ist auch hier kognitiv-behavioral ausgerichtet. Zugrunde liegt ein Vier-Komponenten-Modell von Angst: Körperempfindungen, Verhaltensweisen, Gedanken sowie Gefühle. Zentraler Stellenwert wird dabei den Gedanken zugeschrieben.

Auch in dieses Programm wurde Psychoedukation mit eingebunden, indem die Jugendlichen Informationen zur Entstehung und Aufrechterhaltung von Angststörungen und Depression erhalten sowie in Gruppen Bewältigungsstrategien erarbeiten sollen. Zusätzlich werden psychoedukative Elemente allgemeiner Gesundheitsförderung mit berücksichtigt: Strategien der Stressbewältigung sowie Training sozialer Kompetenzen. Die Jugendlichen sollen lernen, die vier Angstkomponenten sicher zu identifizieren, Aufschaukelungen und Teufelskreise sowie Vermeidungstendenzen zu erkennen, kognitive Umstrukturierungstechniken einzusetzen, sich gezielt zu entspannen, andererseits problemzentriert zu aktivieren, sozial kompetent zu agieren sowie Angstsituationen zu begegnen. Methodisch wird mit Verhaltensexperimenten, Rollenspielen, Hausaufgaben sowie einem Wiederholungsquiz zu Beginn der Lerneinheiten gearbeitet.

Bereits parallel zur Entwicklung und Implementation des Programms wurden auch erste Evaluationsergebnisse durch die Autoren selbst gewonnen (vgl. Junge u. a. 2002, 37 ff.). Hier ergaben sich gute Effekte in den Bereichen Wissenserwerb, Kognition und Verhalten sowie Symptomatologie. Symptomreduzierungen traten allerdings analog auch für die Kontrollgruppe zutage. Die Bewertung von GO! war gleichfalls sehr positiv. Verschiedene Evaluationsstudien zu diesem Programm mit interessanten Ergebnissen sind bei Blatter & Schneider (vgl. 2007, 124 f.) zusammengestellt (vgl.auch Manz, Junge & Margraf 2001; Balmer, Michael, Munsch & Margraf 2007). Das Programm wurde mit Gymnasiasten sowie Schülern einer berufsvorbereitenden Schule untersucht. Bis auf einen teilweisen Wissenszuwachs ließen sich keine Effekte auf Angst- und Depressivitätssymptome feststellen. Allerdings ergab sich in einer der Untersuchungen ein signifikanter Rückgang sozialer Unsicherheit.

Bei „Gesundheit und Optimismus“ handelt es sich dennoch um ein interessantes Programm, welches weitere Evaluationen und ggf. Modifikationen lohnt. Schneider & Blatter (2007, 125) weisen allerdings zu Recht darauf hin, dass es mit der Altersgruppe Jugendlicher relativ spät ansetzt und Präventionsprogramme bei Kindern vielleicht chancenreicher wären. Ein genauerer Blick auf die sehr sorgfältig durchgeführte und ausgewertete Evaluationsstudie mit Kontrollgruppendesign von Manz u. a. (vgl. 2001) an über 600 Gymnasiasten erweist sich als interessant: Diese Untersuchung zeigte zum einen, dass das Programm – allerdings mit einem recht aufwendigen Trainersystem – gut in den schulischen Kontext eingeführt und dort realisiert werden konnte. Zum anderen wurde deutlich, dass das Programm stärker gesundheitsförderlich als präventiv wirkte. Gesunde profitierten eher als Risikopersonen; für letztere war allenfalls ein zeitlich begrenzter Effekt nachzuweisen. Auch ergaben die Nachuntersuchungen nach einem halben Jahr keine Effekte des Programms. Möglich wäre allerdings, dass diese Ergebnisse durch den schulischen Kontext mit bedingt waren und dass ein späterer „follow up“, etwa nach ein oder zwei Jahren, andere Ergebnisse gebracht hätte. Bach (vgl. 2004, 189 f.) weist im Vergleich der Programme FREUNDE und GO! sowie ihrer Effekte darauf hin, dass letzteres mit deutlich größeren Gruppen (ganzen Klassen) sowie zeitlich kürzer, unter ungünstigeren Rahmenbedingungen und mit älteren Jugendlichen eingesetzt wurde, was ein intensives Arbeiten wohl erschwerte, wobei zudem die Problematiken bereits recht verfestigt waren. „Deswegen sollte zeitlich wesentlich früher angesetzt werden, um eine erfolgreiche Präventionsmaßnahme durchführen zu können, bevor es zur Ausprägung klinischer Ängste kommt“ (ebd., 190).

7.2.3 TrennungsAngstprogramm für Familien (TAFF)

Hier handelt es sich um ein recht junges Programm, basierend auf einer Internetseite (http://www.taff.unibas.ch), mit dem Ziel der Prävention von Ängsten bei Kindern und Jugendlichen. Als Vorteil des Mediums Internet wird gesehen, dass es große Verbreitung erreicht und die Integration unterschiedlicher Zugänge ermöglicht: Sprache, Bild und Ton (vgl. Blatter & Schneider 2007, 127 f.). Aufgebaut wurden je eine Eltern-

und eine Kindseite. „Eltern können sich über Themen wie Merkmale der Angst, Entstehung und Aufrechterhaltung, Unterscheidung zwischen normaler und krankhafter Angst, evolutionsgeschichtlicher Hintergrund und Sinn der Angst, unterschiedliche Angsterkrankungen im Kindes und Jugendalter und Behandlungsmethoden informieren“ (ebd., 127 f.). Zudem wird ein Kinderangst-Screening angeboten. Auf der Kinderseite, die nochmals für jüngere und ältere Kinder unterteilt ist, wurde auch ein Forum zum Austausch sowie mit der Möglichkeit der Mailanfrage an Experten eingerichtet. Die Seite für jüngere Kinder ist sprachfrei; hier führt „Hat-Mut“ in Hörspielform durch ein Mut-Training, indem Informationen zu Angst und zu Bewältigungsstrategien gegeben werden.

Die Frage der Weiterentwicklung des Programms scheint derzeit unklar; verfügbar war zunächst nur die Startseite. Innovativ ist die Nutzung des Internets für ein spezifisches angstzentriertes Programm. Kritisch zu hinterfragen sind andererseits die Grenzen dieses Zuganges und die Abdeckung des Bedarfs an persönlicher Beratung.

7.2.4 Psychoedukation

Ziel der Broschüre „Nur keine Panik“ von Schneider & Borer (vgl. 2002; 2007) ist eine kindgemäße Psychoedukation. Sie richtet sich an Kinder und Jugendliche zwischen 8 und 14 Jahren. Es sollen Informationen zu normalen Angstreaktionen sowie klinischen Angstausprägungen gegeben werden. Themen sind die folgenden: Erscheinungsbild von Angst, Abgrenzung zwischen normalen und klinischen Ängsten, Ätiologie sowie Möglichkeiten der Bewältigung von Angst. Die Broschüre ist interaktiv gestaltet, um zu motivieren; zur Verbesserung der Lesbarkeit – gerade für die jüngeren Leser – sind Kinderzeichnungen und Comics integriert. Sie kann zur Verbreitung öffentlich ausgelegt werden, etwa in Schulen oder Beratungsstellen, aber auch Kinderarztpraxen.

Eine erste Evaluation (vgl. Schneider & Borer 2003) erbrachte insgesamt positive Befunde: Experten (Psychologen, Psychiater sowie Lehrer) schätzten die Broschüre über einen Fragebogen als inhaltlich valide, didaktisch gut aufbereitet und insgesamt empfehlenswert ein. Ergänzend wurden auch Kinder und Eltern befragt; und alle drei Gruppen wurden um Verbesserungsvorschläge gebeten. Auch bei den Kindern und Eltern war die Akzeptanz gut bis hoch. Allerdings zeigten die Rückmeldungen, dass die Broschüre wohl eher für Kinder als für Jugendliche geeignet ist. Daher wurde der Altersbereich in der Folge auf 8–12 eingeschränkt. Im Jahr 2007 wurde eine aktualisierte Fassung veröffentlicht. Es erscheint allerdings nicht sichergestellt, wie diese Broschüre wirklich ihren Weg zu den Betroffenen bzw. „Risikogruppen" findet (vgl. Ehr 2011, 133 f.).

Psychoedukation kann bei den Kindern und Jugendlichen ansetzen, aber auch bei den Eltern. Von Perrez (vgl. 2004) wurde ein Kompendium von Merkblättern für Eltern entwickelt, welches auch zu Phobien und Generalisierten Angststörungen bei Kindern Informationen liefert und Leitlinien der Verhaltenstherapie beschreibt. Berücksichtigt sind zudem Depressionen sowie schulvermeidendes Verhalten und Schulverweigerung. Dieses Kompendium enthält auch jeweils weiterführende Literatur sowie spezifische Lesetipps für die Eltern.

7.2.5 Systemisch orientierte Prävention: „Schulangst-Reduktion"

Strittmatter (vgl. 1997) hat auf Basis einer größeren empirischen Untersuchung ein Konzept zur „Schulangst-Reduktion" entwickelt. Dieses versteht sich als ein recht breit angelegtes Programm und weniger als Training. Es besteht aus den nachfolgend vorgestellten vier Bausteinen:

- *Lehrer-Schüler-Interaktion:* Ziel des ersten Bausteins von Strittmatters Programm (vgl. 1997, 25 ff.) ist es, eine bedrohungsfreie, vertrauensvolle Atmosphäre zu schaffen. Dabei wird insbesondere auf die Rogers'schen Variablen der Empathie, Akzeptanz und Kongruenz zurückgegriffen. Im Rahmen eines Lehrer-Trainingsprogrammes mit sieben Sitzungen und einer Auffrischungssitzung sollen die Lehrer schülerzentriertes Arbeiten und Kommunizieren sowie die dazu nötige sensible Wahrnehmung erlernen, um dann von sich aus eine bedrohungsfreie Lernatmosphäre zu schaffen. Kardinal-Aufgabe des Lehrers ist also zunächst eine sensible Wahrnehmung dessen, was in den Schülern vor sich geht: Welche Ängste liegen vor, woher kommen sie, wann treten sie auf? Auf dieser Basis kann schülerzentriert interagiert werden.

- *Unterrichtseinheit „Angst und Angstabbau":* Der zweite Baustein (vgl. ebd., 54 ff.) sieht vor, dass im Rahmen einer eigenen Unterrichtseinheit zum Thema Angst direkt gemeinsam mit den Schülern dieses Gefühl thematisiert und in den Vordergrund der Aufmerksamkeit geführt werden soll, um dann Ziele des Angstabbaus zu formulieren, neue förderliche Verhaltensweisen zu entwickeln, zu lernen und zu trainieren. Dabei sollen auch negative sowie positive Selbstverbalisationen ermittelt und letztere geübt werden. Zur Vermittlung des Konzepts wurde ein Lehrertraining mit sechs Sitzungen und einem Auffrischungstreffen entwickelt. Neue Verhaltensweisen sollen in Rollenspielen geübt werden.
- *Angstabbau durch Veränderungen im Leistungsbewertungsprozess:* Im Rahmen dieses dritten Bausteins (vgl. ebd., 92 ff.) wird angezielt, Angst durch spezifische kognitive Prozesse in Leistungssituationen zu reduzieren: zum einen durch Setzung realistischer Anspruchsniveaus, zum anderen durch Erhöhung der subjektiv erlebten Kompetenz und schließlich auch durch Reduzierung der Motivationsstärke. Ein ergänzender wichtiger Aspekt ist dabei das Training der Lehrer im Hinblick auf transparente Prüfungssituationen: Klarheit der Anforderungen, der Bewertungsrichtlinien sowie der Konsequenzen der Leistungsbewertung. Auch hier wurden wiederum sieben Sitzungen plus Auffrischungstreffen als Lehrertraining konzipiert.
- *Schülerprogramm – vermittelt Lern- und Arbeitstechniken*: Der vierte Baustein (vgl. ebd., 121 ff.) setzt, ebenso wie der zweite, direkt bei den Schülern und am Aufbau von Ressourcen an. Dabei wendet sich dieser vierte Baustein im ersten Teil allerdings nicht als Lehrertraining an die Pädagogen, sondern direkt an die Schüler. Der zweite Teil ist wiederum an die Lehrer gerichtet. Thema dieses Bausteines sind Lern-, Arbeits- und Prüfungstechniken, deren Beherrschung im Prinzip indirekt zum Abbau von Angst dienen kann. Im Rahmen des Schülerprogramms sollen die Schüler für fünf Bereiche Techniken lernen, um Schulangst zu reduzieren: für das Lernen zu Hause, für Verstehen und Behalten, für das Lernen in der Schule, für die Vorbereitung von Prüfungen sowie für das Prüfungsverhalten in der Situation. Dem entsprechende Lehrermaterialien sowie ein Lehrer-

trainingsprogramm mit vier Sitzungen ergänzen dieses Schülerprogramm.

Im Rahmen einer eigenen Evaluation (vgl. ebd., 135 ff.) zeigte sich für Strittmatter, dass das Hauptziel, der Abbau von Schulangst, erreicht werden konnte. Auch die Misserfolgswahrscheinlichkeit konnte durch das Programm verringert werden. Allerdings nahm entgegen den Erwartungen die Motivationsstärke noch weiter zu; Misserfolge waren für die Kinder also keineswegs weniger bedeutsam. Es fanden sich Hinweise darauf, dass die Interventionen eher selektiv bei einzelnen Schülern zu Erfolgen führten. Daraus, dass keiner der Schüler in der Experimentalgruppe eine extrem negative Entwicklung zeigte, schließt Strittmatter auf eine präventive Wirkung des Programms (vgl. ebd., S.156). Leichte bis mäßige Erfolge ergaben sich auch bezogen auf die Angst vor Klassenarbeiten und die erlebte Transparenz von Prüfungssituationen. Das Vertrauen in die eigene Lernfähigkeit ließ sich nicht nachweislich verbessern (vgl. ebd.).

Das Programm von Strittmatter hat eine besondere Stellung dadurch, dass es an verschiedenen Aspekten ansetzt und sich keineswegs nur auf die Person der Kinder und Jugendlichen zentriert; im Vordergrund stehen eher Unterrichtsgestaltung, Lehrerpersönlichkeit und Interaktionen.

7.3 Interventionsprogramme

In den letzten Jahren ist im Hinblick auf Angststörungen, Ängstlichkeit und soziale Unsicherheit ein breiteres Feld verschiedenster stärker therapeutisch orientierter Trainings entstanden, in denen zumeist insbesondere lernpsychologische und kognitive Konzepte und Ansatzpunkte kombiniert eingesetzt werden. Ergänzend zu den bis hierher dargestellten, zumindest auch pädagogisch einsetzbaren Programmen sollen einige solcher Trainings kurz vorgestellt werden:

7.3.1 Das „Training mit sozial unsicheren Kindern"

Dieses Training (vgl. Petermann & Petermann 2010) ist eine Art „Klassiker"; es wurde erstmals 1983 veröffentlicht und seitdem deutlich weiterentwickelt. Im Fokus steht, wie durch den Trainingsnamen bezeichnet, das Phänomen der sozialen Unsicherheit. Die theoretische Grundlage ist auch hier kognitiv-behavioral ausgerichtet; ein zentraler Bezug erfolgt auf die Theorie der erlernten Hilflosigkeit von Seligman.

Auf Basis einer differenzierten, multimodalen Diagnostik (vgl. ebd., 12 ff.), die auch unterschiedliche mögliche Störungsformen berücksichtigt, erfolgt das eigentliche Training in zwei Phasen, einem Einzel- und einem Gruppentraining. Als zentrales Therapieziel wird sozial kompetentes Verhalten bestimmt. Für das aus acht kürzeren oder vier längeren Einheiten bestehende Einzeltraining (vgl. ebd., 91 ff.) werden folgende Ziele gesetzt: sozial unsicheres Verhalten einschließlich seiner Hintergründe bewusst zu machen, zwischenmenschliche Wahrnehmung zu sensibilisieren, problematische Gedanken zu erkennen, Gedankenstopp und positive Selbstverbalisationen zu üben, Reflexion der eigenen Ängste im Vergleich zu anderen, auch mutigen Personen sowie Reflexion und Beeinflussung von Mimik und Gestik. Es folgt eine Kennenlernphase mit zwei Treffen in der Kindergruppe. Ziele des aus zwölf kürzeren oder sechs längeren Sitzungen bestehenden Gruppentrainings (vgl. ebd., 154 ff.) sind der adäquate Ausdruck von Gefühlen und Meinungen, das Vertreten eigener Ansprüche sowie Empathie und das Berücksichtigen der Bedürfnisse anderer, Kontakt mit Fremden, Umgang mit Kritik, angemessene Selbstbehauptung, Umgang mit sozialer Hervorhebung sowie kooperatives Verhalten. Im Therapieverlauf wird Selbstkontrolle über einen „Detektivbogen" gefördert, und es werden Kompetenzen zur Selbst-Entspannung aufgebaut. Operante Verfahren, insbesondere Trainingsverträge und ein Tokenprogramm, prägen das Vorgehen. Einzel- und Gruppentraining werden ergänzt durch eine aus mindestens fünf Treffen plus einem Nachgespräch bestehende Elternberatung. Neben der Vermittlung von Informationen und der Sensibilisierung soll hier auch an irrationalen Erziehungshaltungen und an der Weiterentwicklung eigener Problemlösestrategien gearbeitet werden (vgl. ebd., 229 ff.).

Etwas neueren Datums ist ein spezifisches Training mit Kindergartenkindern (vgl. ebd., 189 ff.). Auch dieses besteht aus Einzel- und Gruppentraining und wird ebenfalls ergänzt durch eine Elternberatung. Im Kindergartenprogramm wird bei insgesamt ähnlichem Vorgehen und Inhalten mit altersadäquat modifizierten Materialien gearbeitet. Für jüngere Kinder besonders anspruchsvolle Anforderungen wie etwa Reflexionen über eigene Ängste sollen spezifisch unterstützt werden.

Die Verfasser führen seit 2006 eine eigene Effektivitätsstudie durch, deren bisherige Ergebnisse sie berichten (vgl. ebd., 264 ff.). Bei kleinen Stichprobengrößen zeitigen die unterschiedlichen Trainingskomponenten gute Effekte. Im Hinblick auf verschiedene Zielgruppen und Problematiken ergibt sich den Autoren zufolge aus den Ergebnissen der Bedarf einer Verlängerung und Intensivierung des Trainings.

7.3.2 Therapiemanual zu sozialen Ängsten und sozialen Angststörungen im Kindes- und Jugendalter

Ein aktuelles Beispiel für kognitiv-behaviorale Trainingsprogramme ist das Therapiemanual zu sozialen Ängsten und sozialen Angststörungen im Kindes- und Jugendalter von Tuschen-Caffier u. a. (vgl. 2009) mit folgenden fünf Modulen:

- kognitive Vorbereitung (mit stark psychoedukativen Anteilen),
- kognitive Interventionen,
- verhaltensaufbauende Interventionen (Training sozialer Kompetenzen über Rollenspiel),
- Exposition sowie
- Selbstmanagement.

Hier werden auch Hausaufgaben sowie Elternarbeit mit einbezogen. Das Programm richtet sich an Kinder und Jugendliche mit subklinischen Ausprägungen sozialer Ängste, aber auch an solche mit bereits klinisch relevanten Formen. Vorgeschlagen werden Interventionsgruppen mit 20 Sitzungen sowie indizierte Präventionsgruppen mit 12 Sitzungen. Das Training wurde – durch die Autoren selbst – in zwei Studien auf seine Wirkung hin überprüft. Für einen Einsatz als Therapieprogramm ergaben sich insgesamt klare positive Effekte. Allerdings wurden dabei nur Eltern- und Kindurteile erhoben; direkte Effekte auf der Verhaltensebene waren nicht nachweisbar. Die Zufriedenheit mit dem Programm war hoch. Für den Einsatz im Sinne indizierter Prävention ergab sich Ähnliches; die Effekte anhand des Elternurteils waren deutlich, hier jedoch weniger die Effekte aus der Kinderperspektive.

7.3.3 „Therapieprogramm für Kinder und Jugendliche mit Leistungsängsten"

Dieses Therapieprogramm von Suhr-Dachs und Döpfner (vgl. 2005) ist ein Teil ihres übergeordneten Therapieprogramms für Kinder und Jugendliche mit Angst- und Zwangsstörungen (THAZ). Hier soll nur diese leistungsangstbezogene Teilkomponente vorgestellt werden als Beispiel für ein Programm in diesem besonders bedeutsamen Problembereich.

Das THAZ stellt ein langfristiges Projekt dar, welches auf der Basis umfangreicher klinischer Erfahrung entwickelt wurde. Dem Programm unterliegt ein multimodales Behandlungskonzept, bei dem patienten- und umfeldzentrierte Interventionen miteinander verbunden werden, indem die Autoren davon ausgehen, dass die Behandlung von Angst- und Zwangsstörungen an verschiedenen Punkten ansetzen kann (vgl. ebd., S.7f): Situationen, Kompetenzen, Kognitionen, Exposition, Entspannung, Bewältigung statt Vermeidung und Konsequenzen.

Diese Interventionsmethoden werden zu drei Gruppen zusammengefasst: kognitive, emotional-physiologische und behaviorale Interventionen. Hinzu kommen familienzentrierte, aber auch Kindergarten- und schulzentrierte Verfahren; die Interventionen in diesen Umfeldbereichen sind behavioral und kognitiv orientiert. Auch komorbide Probleme und Störungen sollen angegangen werden (vgl. ebd., 8).

Das Therapieprogramm für Kinder und Jugendliche mit Leistungsängsten verfolgt das übergeordnete Ziel, die kognitiven, emotionalen und behavioralen Angstsymptome der Kinder und Jugendlichen durch eine Stärkung der Bewältigungskompetenz zu reduzieren. Der subjektive Bedrohungscharakter von Leistungssituationen soll verringert werden; zugleich sollen Bewältigungsstrategien vermittelt und ein stärkeres Kontrollerleben aufgebaut werden. Kind und Therapeut analysieren die

Probleme gemeinsam und entwickeln Strategien. Dem Kind soll Wertschätzung und Achtung für seine eigenen Problemlösungen entgegen gebracht werden, auch zugunsten einer Stärkung des Selbstwertgefühls. Annäherungen und Bewältigungsversuche sollen positiv verstärkt werden (vgl. ebd., 55).

Auch hier wurden psychoedukative Elemente integriert: Zu Beginn des Prozesses wird den Kindern das Vorgehen anhand eines Erklärungsmodells zur Entstehung von Leistungsangst verdeutlicht (vgl. ebd., 55 ff.). Gerade kognitive Interventionen sollen dem Alter und Entwicklungsniveau des Kindes angepasst werden, um einen Effekt zu erzielen.

Im Folgenden werden einzelne Aspekte der kindzentrierten sowie der elternzentrierten Intervention skzziert:

Kindzentrierte Interventionen:

- Der Therapiebaustein „kognitive Intervention" (vgl. ebd., 57 ff.): In diesen Bereich fällt die erwähnte Vorstellung eines Erklärungsmodells für Leistungsängste. Zusammenhänge zwischen Gedanken, Gefühlen und Körperreaktionen sowie problematische Folgen sollen dem Kind deutlich werden. Angst erzeugende Gedankenschemata sollen erkannt und durch konstruktive Bewältigungsgedanken ersetzt werden. Gleiches gilt für Katastrophengedanken und -phantasien. Den Kindern soll geholfen werden, zu realistischen Anspruchsniveaus und selbstwertstärkenden Attributionen zu gelangen. Eigene Stärken sollen erkannt werden, und die Aufmerksamkeit soll über Selbstinstruktionen und Gedankenstopps weniger selbst- und stärker aufgabenbezogen gestaltet werden.
- Der Therapiebaustein „emotionale/physiologische Intervention" (vgl. ebd., 70 ff.): Nach einer Einführung in die problematische Entwicklung von Angstreaktionen wird durch in sensu- und in vivo-Expositionen der Abbau von Angstsymptomen auf dieser Ebene angezielt. Im späteren Verlauf sollen die Selbstexpositionen protokolliert werden. Emotionale und Körpersymptome sollen durch das Lernen von Entspannungstechniken reguliert werden.
- Der Therapiebaustein „behaviorale Intervention" (vgl. ebd., 83 ff.): In diesem Bereich soll, auf Basis der Erfassung des individuellen Umganges mit Lernherausforderungen, ein effizienteres Lernverhalten aufgebaut werden. Zur Strukturierung werden etwa Wochenpläne

genutzt. Räumliche und zeitliche Organisation des Lernens werden bearbeitet. Auch Kompetenzen zum Umgang mit mündlichen Prüfungen finden hier Berücksichtigung: Informationsaufbereitung, Einsatz von Medien, soziale und auch rhetorische Kompetenzen.

Elternzentrierte Interventionen:

- Der Therapiebaustein „kognitive Intervention" (vgl. ebd., 96 ff.): Auch den Eltern werden Leistungsängste und ihre Rolle anhand eines Erklärungsmodells nahe gebracht. Unangemessene Erwartungen und inadäquate Kognitionen sollen erkannt und verändert sowie nicht-leistungsbezogene Ressourcen der Kinder erkannt werden.
- Der Therapiebaustein „behaviorale Intervention" (vgl. ebd., 101 ff.): Im Rahmen dieser Komponente wird die Veränderung problematischer Erziehungspraktiken seitens der Eltern angestrebt, hin zu liebevollem Umgang, Unterstützung bei Lernproblemen, Reduzierung Angst erzeugender Verhaltensweisen und dem Aufbau einer lernförderlichen Atmosphäre.

Soweit sich dies als relevanter Aspekt erweist, wird mit den Eltern auch die Möglichkeit eines Schulwechsels zur Entlastung des Kindes reflektiert (vgl. ebd., 95).

Das multimodale Therapieprogramm von Suhr-Dachs und Döpfner berücksichtigt viele wichtige Faktoren bei der Entstehung und Aufrechterhaltung von Angstproblematiken und bezieht auch das Umfeld mit ein. Es kann so auch für pädagogische Förderung eine Fülle von Anregungen bieten. Eine differenzierte Evaluation aller Module steht allerdings noch aus (vgl. ebd., 9).

7.3.4 „Mutig werden mit Til Tiger"

Dieses – gleichfalls verhaltenstherapeutische – Trainingsprogramm richtet sich an ängstliche, unsichere und schüchterne Kinder und deren Eltern, Erzieher und Lehrer. Das Training wurde zur Behandlung von Kindern im Alter zwischen fünf und zehn Jahren entwickelt. Es setzt sich aus zwei Einzel- und neun Gruppensitzungen zusammen. Hauptziele liegen in der Stärkung des kindlichen Selbstbewusstseins, im Erwerb von Bewältigungsstrategien und dem Erlernen von Entspannungstechniken für den Alltag.

Als Hauptfigur fungiert der schüchterne Tiger Til. Mit Unterstützung einer Eule, die immer Tipps und Tricks kennt, versucht er seine Angst zu überwinden und mutiger zu werden. Gemeinsam mit Kindern will Til dann versuchen, etwas Neues auszuprobieren und zu erlernen. Der Tiger soll für die das Programm absolvierenden Kinder die Funktionen eines Modells, der Ermutigung und der Demonstration positiver Selbstbewertung erfüllen. Die Geschichten im Programm sind märchenhaft gestaltet, um Freude und Motivation der Kinder zu gewährleisten und ihre Kreativität zu aktivieren (vgl. Ahrens-Eipper & Nelius 2009, 57 f.).

Neben dem durch einen Trainer durchzuführenden Programm werden auch praktische Hilfen für Eltern und Erzieher gegeben, beispielsweise in Form eines Zwölf-Punkte-Plans für einen einfühlsamen, unverkrampften, ernst nehmenden und ermutigenden Umgang mit dem Kind.

Im Vordergrund soll eine vertrauensvolle Atmosphäre stehen, die dem Kind neue, positive Erfahrungen ermöglicht. Gemeinsam mit dem Kind wird dann eine überschaubare Zahl von Etappenzielen festgelegt. Auf Basis der kindlichen Einschätzung hinsichtlich des Schweregrades der Ziele beginnt die Arbeit mit dem Einfachsten. Eine „Wanderkarte" veranschaulicht die Ziele und den Weg. Die Fortschritte sollen zum Ende einer Woche mit den Eltern besprochen werden. Im Rahmen von Rückmeldungen sollen auch kleine Fortschritte verstärkt werden. Auch die Eltern können ein Tagebuch führen (vgl. ebd., S. 56–60).

Zusätzlich zur Bearbeitung von Arbeitsblättern können die Eltern auch noch auf anderem Wege unterstützend auf das Kind einwirken (vgl. ebd., 60 f.): durch positive Rückmeldungen, durch Ermutigungen, über das Setzen von Anreizen angesichts der kindlichen Tendenz zu Vermeidungsverhalten sowie durch Geduld. Auch im Rahmen dieses Programms werden zudem Entspannungstechniken vermittelt, spezifisch die Progressive Muskelrelaxation. Das Wechseln von Anspannung zu Entspannung wird trainiert (vgl. ebd., 61 ff.).

Im Prinzip kann das Programm auch von Laien wie Eltern, Lehrern und Erziehern durchgeführt werden. Zur Realisierung werden Weiterbildungskurse angeboten. Die Effektivität des Programmes wurde durch die Autoren selbst im Rahmen einer kontrollierten Gruppenstudie belegt (vgl. http://www.til-tiger-training.de).

7.3.5 Weitere interventive Trainings

„Cool mit Nic Panda" ist ein Training für Kinder mit Schul- und Prüfungsängsten (vgl. Muth-Seidel & Seidel 2006); es kann sowohl im Einzel- als auch im Gruppensetting eingesetzt werden. Auch dieses Programm ist kognitiv-verhaltenstherapeutisch ausgerichtet und will mit Spielen und Übungen sowie ansprechenden Materialien eine kindgerechte Annäherung an den Problembereich ermöglichen. Leicht verständliche Texte bieten Elterninformationen. Ergänzend werden Buch- und CD-Tipps gegeben.

Hingewiesen sei auch auf das wiederum kognitiv-verhaltenstherapeutisch ausgerichtete Gruppenprogramm „Behandlung der Sozialen Phobie bei Kindern und Jugendlichen" von Joormann & Unnewehr (vgl. 2002). Dieses richtet sich an Kinder und Jugendliche zwischen 12 und 18 Jahren; es wurde evaluiert.

7.4 Fazit: Trainings, Trainings, Trainings ...

Auf die möglichen wichtigen Funktionen von Trainings wurde bereits eingangs hingewiesen. Die Bemühungen zur Evaluation haben deutlich zugenommen. Auf dem Markt sind etliche theoriebasierte, durchdachte, differenzierte und hinsichtlich ihrer – auch differentiellen – Wirkung überprüfte Verfahren.

Auch Risiken und Grenzen wurden bereits zu Beginn dieses Kapitels angesprochen. Gut durchdacht eingesetzt können Trainings und geschlossene Programme durchaus wichtige Funktionen erfüllen. Allerdings scheint die Gefahr groß, dass sie stark „rezeptorientiert" genutzt werden, da ihr Einsatz einfach erscheint. Dabei drohen die Grenzen ebenso übersehen zu werden wie das Problem, dass selbst das beste und ausgearbeitetste Training in der Regel noch an einen konkreten Einsatzbereich adaptiert werden muss.

Im Gesamtbild orientieren sich die verfügbaren Programme theoretisch an dem Bereich, dem die schnellsten und am klarsten erfassbaren Effekte zukommen: verhaltensorientiert-behavioralen Mechanismen sowie kognitiven Faktoren. Dies ist aber nicht alles, und es ist zu bedenken, dass dabei gerade für das Thema Angst dem zentralen Bereich, den Gefühlen, eine Hintergrundbedeutung zugewiesen zu werden droht. Betrachtet man den Markt der Programme im Überblick, so bietet sich das Bild einer Art „kognitiv-behavioraler Wüste“: Viele Programme bestehen aus sehr ähnlichen Komponenten und zielen auf ähnliche Ansatzpunkte ab. Häufig wirken sie mittlerweile fast austauschbar. Hier besteht eine gewisse unselige Verquickung mit dem mittlerweile sehr dominanten Desiderat der Wirkungsforschung. Dringend vonnöten sind neue Impulse, die aus alternativen, bisher wenig erforschten, häufig auch schwieriger evaluierbaren Ansatzpunkten und Theorien heraus kommen könnten. Interessante Beiträge könnten hier aus solchen Erklärungsansätzen heraus erwachsen, welche Emotionen eine zentralere Position zuweisen: etwa der Psychoanalyse oder der Gestalttheorie.

Bereits zu Beginn dieses Kapitels wurde angesprochen, dass Trainings keinen Ersatz für die wohl letztlich nachhaltigere Wirkung von Erziehungsprozessen im Alltag bieten dürften. Sie können diese gegebenenfalls gezielt ergänzen und unterstützen. Es wird jedoch niemals so sein, dass dadurch eine Prävention von Ängsten in pädagogischen Kontexten „erledigt“ wurde.

8

Ansatzpunkte und Konzepte pädagogischer Arbeit

Es wurde bereits eingangs dieses Buches erwähnt, dass es kaum pädagogische Literatur zum Themenkomplex Angst, Ängste und Ängstlichkeit gibt. Eine zentrale pädagogische Aufgabe, gerade auch im Hinblick auf das Entstehen und die Verfestigung von Angststörungen, ist Prävention. Auch Recherchen zur Frage der Prävention bei Angstproblemen fördern nur wenig zutage. Diejenigen Autoren, die sich damit beschäftigen, referieren wie selbstverständlich verschiedene Trainings und Präventionsprogramme (vgl. etwa Tuschen-Caffier u. a. 2009; Blatter & Schneider 2007). Aber pädagogische Arbeit kann im Hinblick auf Ängste – ohne dass sie in engerem Sinne therapeutisch wird – auch Frühintervention und Intervention umfassen.

Spezifische Trainings, die auch von pädagogischer Relevanz sein könnten, wurden im vorangehenden Kapitel 7 vorgestellt. In diesem Buch soll jedoch pädagogische Arbeit grundsätzlicher verstanden werden, indem sie im Kern nicht in ausgelagerten oder zusätzlichen Trainings erfolgt, sondern im pädagogischen *Alltag* einer pädagogischen

Gruppe oder auch einer Schulklasse. Es ist nicht unwahrscheinlich, dass hier Wirkungen erzielt werden können, welche über diejenigen von Trainingsmaßnahmen hinausgehen mögen und potenziell nachhaltigere Effekte entfalten, indem sie sich im alltäglichen Erziehungsgeschehen ereignen, damit, auf Basis tragfähiger Beziehungen, von erheblicher Stetigkeit sein können und nicht in isolierten Zeiten und Räumen bleiben. Daher wird es im Folgenden abschließend darum gehen, aus den bis hierher gewonnenen Erkenntnissen aus der Erforschung von Angst, Ängsten, Ängstlichkeit und Angststörungen ein Netzwerk von Ansatzpunkten zu entwickeln und hierzu jeweils Schwerpunkte der pädagogischen Arbeit und der Förderung zu erörtern. Im Zentrum steht dabei die Frage der erzieherischen Arbeit im Hinblick auf Ängste, Ängstlichkeit sowie auch Angststörungen. Angstproblematiken werden auf den Aufgabenkontext der Erziehung bezogen, ergänzt durch Aspekte der Beratung, etwa von Eltern.

Im vorangehenden Kapitel wurde deutlich, dass pädagogische Förderung im Hinblick auf Ängste und Ängstlichkeit zwei ganz grundsätzlich unterschiedlichen Ausrichtungen folgen kann: Man könnte versuchen, konkret bestimmte Kinder und Jugendliche zu fördern, also „an der Person arbeiten" – man könnte aber auch versuchen, die situativen Bedingungen zu verändern. Welcher dieser Wege beschritten wird (oder ob gar beide), hängt von der Einschätzung des Problems und auch seiner Entstehung ab. Beiden Ansatzpunkten kann daher jeweils große Bedeutung zukommen. Je stärker der präventive Fokus ist, umso mehr wird die Gestaltung der Situation im Vordergrund stehen. Im Folgenden werden für beide Ausrichtungen verschiedene Möglichkeiten zusammengestellt und erörtert.

Wenn der Fokus pädagogischen Handelns insbesondere im Bereich der Prävention gesehen wird, so soll dies vorab noch näher bestimmt werden: Prävention steht für Vorbeugung oder Verhinderung des Auftretens unerwünschter Zustände oder Störungen (vgl. Fröhlich 1994, 310). Maßnahmen der Prävention können nach unterschiedlichen Gesichtspunkten systematisiert werden.

- Lange Zeit stand die Einteilung nach Beginn der Maßnahmen im Vordergrund, die ursprünglich von Caplan (vgl. 1964) stammt: Hier wird zwischen primärer, sekundärer und tertiärer Prävention unterschieden. Primäre Präventionsmaßnahmen sollen das Auftreten einer Störung verhindern, sekundäre Präventionsmaßnahmen bei sich anbahnenden Störungen eingesetzt werden und tertiäre Prävention dient der Vermeidung von Zustandsverschlechterungen sowie Folgewirkungen.

- Eine zweite Unterscheidungsmöglichkeit von Präventionsmöglichkeiten orientiert sich an den Ansatzpunkten – diesbezüglich kann man strukturelle Präventionsmaßnahmen (Verhältnisprävention; Ansetzen an den Umfeldbedingungen) von personbezogenen oder personalen Präventionsmaßnahmen (auch als Verhaltensprävention) unterscheiden (vgl. von Suchodoletz 2007).
- Seit einigen Jahren steht die Unterscheidung von Präventionsmaßnahmen nach unterschiedlichen Zielgruppen im Vordergrund: Hier werden universelle, selektive und indizierte Prävention differenziert (vgl. Institute of Medicine 1994; Munoz, Mrazek & Haggerty 1996, 1160 ff.). Universelle Maßnahmen richten sich, recht ähnlich wie bei der Primärprävention, auf alle Menschen; selektive Maßnahmen fokussieren „Risikogruppen" – und bei indizierter Prävention stehen solche Personen im Vordergrund, bei denen erste Anzeichen einer Störung festgestellt werden können, „ohne dass bereits eindeutige Krankheitssymptome vorhanden sind" (von Suchodoletz 2007, 3).

Arbeitsbereiche und Fördermöglichkeiten von Pädagogen werden schwerpunktmäßig im Bereich primärer und sekundärer Prävention liegen. Oft wird, gerade bei der Arbeit mit größeren Gruppen, strukturelle Prävention einfacher sein als personale, und eher selten wird es um eine indizierte Prävention gehen – durchaus aber möglicherweise in Sonder- bzw. Förderschulkontexten, etwa Schulen für Erziehungshilfe.

Im Hinblick auf tertiäre sowie auch indizierte Prävention ist der Übergang zu Maßnahmen der Intervention, des Eingreifens angesichts von deutlich werdenden Störungen und Problematiken, fließend. Je stärker interventive Arbeit notwendig wird, umso eher wird es auch sinnvoll und notwendig sein, Experten hinzuzuziehen: für pädagogische Handlungsfelder Sonderpädagogen, im Falle therapeutischen Handlungsbedarfs Psychologen, Psychotherapeuten sowie Kinder- und Jugendpsychiater.

Basis der präventiven wie interventiven Förderung sollte eine differenzierte Einschätzung der Lage sein. Hier gilt ein Ökonomieprinzip:

Je stärker die Problembeurteilung, umso eher lohnt sich eine differenziertere Diagnostik bis hin zu einer fachlichen Feststellung von konkretem Förderbedarf unter Hinzuziehung entsprechend qualifizierter Fachleute. Ebenso gilt auch für die pädagogische Arbeit und die Förderung, dass es hier der Basiskompetenzen aller Professionellen im Hinblick auf den Problemkomplex Ängste bedarf sowie der differenzierten Fachkompetenz von Sonderpädagogen, die spezifisch für den Kontext Verhaltensstörungen qualifiziert sind.

Hinsichtlich der Gestaltung des Umfeldes und der pädagogischen Situationen werden in der Folge fünf Ansatzpunkte unterschieden und betrachtet, welche im Überblick in Abbildung 4 zusammengestellt sind (vgl, auch Rost & Schermer 2010):

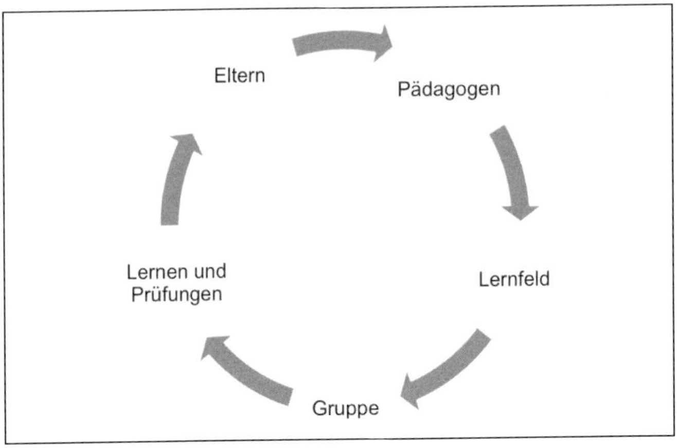

Abb. 4: Gestaltung des Lernfeldes

8.1 Haltung und Einschätzbarkeit von Pädagogen

Kobi (vgl. 1993, 73) weist darauf hin, dass für Erziehung nicht das konkrete Verhalten, sondern die Haltung entscheidend ist. Dies gilt auch für den Umgang mit den Ängsten von Kinder und Jugendlichen. Unter Haltung soll hier eine bestimmte Bereitschaft zur professionellen Arbeit mit Kindern und Jugendlichen verstanden werden. Dies ist ein besonders bedeutsamer situativer Bedingungsfaktor im Hinblick auf Ängste, Ängstlichkeit und Angststörungen.

Wenn Strittmatter (vgl. 1997, 25 ff.) in seinem Programm die grundlegenden Therapeutenvariablen nach Rogers auch als Erziehervariablen in den Vordergrund stellt und im Rahmen seines ersten Bausteins fördern möchte, so beschreibt er damit eine zentrale Basis: Pädagogen, die aus ihrer Haltung heraus einfühlendes Verstehen, Akzeptanz der Person der Kinder und Jugendlichen sowie Authentizität bzw. Echtheit realisieren, kann es gelingen, eng an der emotionalen Situation der Zu-Erziehenden zu bleiben und diesen Sicherheit zu geben, angenommen zu sein und zu wissen, woran sie beim Erzieher sind. Aus dieser Haltung heraus können Pädagogen eine als bedrohungsfrei erlebte Lern- und Arbeitsatmosphäre gestalten.

Im Hinblick auf Akzeptanz gilt es für schulische Kontexte darauf zu achten, dass Lehrer klar zwischen Anerkennung von Leistungen und Anerkennung der Person des Schülers trennen. Dass dies nicht gelingt, dürfte aufgrund der großen Bedeutung von Leistungen im System Schule eine nicht unerhebliche Gefahr sein.

Die Frage der Haltung kann jedoch auch von Problemen der Pädagogen selbst her betrachtet werden: Ihre eigenen Unsicherheiten und Ängste können von Kindern und Jugendlichen übernommen werden. Solche Probleme können auf Pädagogenseite aber auch bestimmte kompensatorische Verhaltensweisen nach sich ziehen, um die eigenen Ängste zu verbergen oder zu bewältigen. Sörensen (vgl. 1994, 76 f.) weist auf solche Risiken hin, die sich etwa in übermäßiger Strenge, wechselhaftem Verhalten, Liebesentzug, Spott, Herabsetzungen und Demütigungen, Nichtbeachtung oder überzogenen Strafen äußern können.

Übermäßige Strenge und wechselhaftes Verhalten sind allerdings auch über die angenommene Ursache Angst hinaus beim Pädagogen problematisch: Sie verletzten die Anforderungen an Transparenz und Einschätzbarkeit – beides grundlegende Bedingungen des Erlebens von Sicherheit und Angstfreiheit. Aus lernpsychologischer Perspektive können entweder grundsätzlich negative oder aber keine eindeutigen Konsequenzerwartungen im Hinblick auf das eigene Verhalten bei Kindern und Jugendlichen entstehen. Epstein (vgl. 3.2.2.1) spricht ähnlich von Stimulusunsicherheit bei unklaren Situationen, deren Nichteinschätzbarkeit zu erheblicher Verunsicherung führen kann und eine Reaktionsunsicherheit nach sich zieht.

Gegenüber den Kindern und Jugendlichen ist eine Differenzierung notwendig: Gerade für diejenigen mit einem problematischen Selbstkonzept („Ängstlichkeit als Selbstkonzept"; vgl. Kap. 1.2) sind gezielte Ermutigungen sehr wichtig. Diese können sich allerdings bei anderen Kindern (mit übersteigertem Selbstkonzept) als obsolet oder gar kontraproduktiv erweisen. Auch hier ist wiederum die genaue Wahrnehmung und Beurteilung seitens der Pädagogen gefordert.

Die hier beschriebene Haltung bedarf der immer neuen Selbsthinterfragung und der Auseinandersetzung damit. Fortbildungen können Anregungen geben, die jedoch verarbeitet werden müssen. Hilfreich und unterstützend kann die gemeinsame Auseinandersetzung mit Kollegen sein sowie ergänzend das Einholen von Beratung und Supervision.

Etwas wie eine pädagogische Haltung wird jedoch notwendig durch entsprechende Kompetenzen ergänzt. Hierzu zählen Fortbildungen zum Thema Angst, welche für dieses Thema sensibilisieren und das erforderliche Hintergrundwissen dazu vermitteln können, um Empathie und Akzeptanz oder auch Transparenz mit differenziertem Wissen zu unterstützen, auch zur Stärkung diagnostischer Kompetenz (vgl. Jeck 2003, 399).

8.2 Gestaltung des Lernfeldes

Das Erleben einer bedrohungsfreien Atmosphäre kann durch die Haltung von Pädagogen gefördert werden, ist jedoch von weiteren Bedingungen abhängig und stellt ein zentrales Ziel der Gestaltung des gesamten pädagogischen Lern- und Arbeitsfeldes dar.

Davon sollte sowohl das konkrete Klima einer Gruppe (etwa einer Schulklasse) als auch das Klima einer gesamten Einrichtung (etwa einer Schule oder eines Heims) geprägt sein. Die Schulklimaforschung (vgl. 3.1.8; etwa Somersalo 2002 oder Achermann u. a. 2006) weist deutlich auf die problematischen Wirkungen eines ungünstigen Klimas hin. Wendet man die Befunde zum Positiven, so kann man für die Lernfeldgestaltung zwei konkrete Forderungen formulieren:

- Die Gewährung einer möglichst hohen Selbstständigkeit der Kinder und Jugendlichen zeitigt positive Effekte und kann der Entstehung von Ängsten entgegenwirken sowie helfen, bestehende Ängste zu reduzieren.
- Die zusätzliche Gewährung der Möglichkeit zur Mitbestimmung scheint insbesondere bei Jungen zur Reduzierung der Rate internalisierender Problematiken beizutragen (vgl. Winkler Metzke & Steinhausen 2001). Es ist aber zu vermuten, dass sie bei beiden Geschlechtern günstige Wirkungen entfaltet. Mitbestimmung meint die Einbeziehung in die Planung, Durchführung sowie Auswertung von Lernprozessen. Dazu zählen aber auch Möglichkeiten der Mitgestaltung des Lernfeldes, für den schulischen Kontext der Klasse, des Schulraumes, aber auch der Schule selbst, ihrer Räume und Orte wie Eingangsbereich oder Pausenhof. Auf einer übergeordneten Ebene ist Mitbestimmung jedoch auch als Mitverantwortung, etwa Schülermitverwaltung auf Schulebene, zu verstehen. All dies stärkt das Erleben von Einschätzbarkeit und von Kontrollierbarkeit.

Wenn Strittmatter die Thematisierung von Angst in Gruppen als einen wichtigen Baustein definiert, wird er hierin durch die neuere Forschung bestärkt: So ergaben sich in einer Metaanalyse zur Wirkung von Angsttherapieverfahren bei Kindern (vgl. In-Albon & Schneider 2007, 20) Hinweise darauf, dass Psychoedukation evtl. eine gute Hilfe zur Reduzierung von Angststörungen sein könnte – was aber näher untersucht werden müsste. Insofern stellt das Thematisieren von Angst und Ängsten, auch von Ängstlichkeit und Angststörungen, eine psychoedukative Komponente der Lernfeldgestaltung dar; sie findet sich mittlerweile auch, wie unter 7. deutlich wurde, in verschiedenen Förderprogrammen. Allerdings ist hier stets sensibel abzuwägen, in welcher Form dies erfolgt und inwiefern persönliche Erlebnisse und Problematiken mit einbezogen werden: Dies kann auch eine Bedrohung darstellen oder zu problematischen Prozessen in der Gruppe führen. Psychoedukation zu Ängsten muss insofern stets vorab genau im Hinblick auf ihre Wirkungen und Nebenwirkungen durchdacht werden.

Wenn die Kinder und Jugendlichen aktiv in die Lernfeldgestaltung eingebunden werden, so gilt die Forderung der Einbindung auch für ihre Eltern. Dieser Aspekt eines guten Schulklimas (vgl. Jeck 2003, 399) oder Einrichtungsklimas wird nachfolgend unter 8.5 gesondert betrachtet.

Es sollte nicht übersehen werden, dass das Schaffen einer bedrohungsfreien Atmosphäre sowohl einen stetigen Prozess darstellt als auch an bestimmte Grenzen geraten wird, denn es geht immer um die Arbeit mit Menschen. Soweit sie in bestimmten Feldern zu einer Art Schonraummilieu wird, kann dies sinnvoll sein, muss jedoch immer wieder auf dessen Reduzierung hin durchdacht werden, denn ein dauerhafter Schonraum suggeriert Zustände, die nicht der (sonstigen) Realität entsprechen.

8.3 Gestaltung von Lern- und Prüfungssituationen

Für das gesamte Lernfeld gelten die Forderungen der Kontrollierbarkeit und Vorhersagbarkeit, wie sie sowohl aus dem Konzept von Epstein als auch aus der Theorie der Erlernten Hilflosigkeit Seligmans (vgl. 3.2.5) abgeleitet werden können: Es ist wichtig, dass Kinder und Jugendliche ihre jeweiligen Lern-, Arbeits- und Lebensfelder als einschätz- und vorhersagbar erleben. Es ist des Weiteren von großer Bedeutung, dass sie erfahren, ihre Umstände auch durch eigenes Verhalten kontrollieren zu können. Beides sind essentielle Bedingungen gegen das Entstehen von Ängsten.

Für die Gestaltung von Lernsituationen ist zu beachten, dass die Strukturierung des Unterrichts Einfluss auf die Entwicklung von Ängsten, konkret etwa von Schulangst, hat: Auch Lernstrukturen und -prozesse sollten daher für die Lernenden verstehbar und prognostizierbar sein. Hilfreich ist auch hier die Einbeziehung von Kindern und Jugendlichen bereits in die Planung, um so Durchschaubarkeit zu ermöglichen. Falls dies nicht realisierbar ist, kann Transparenz durch regelmäßige, verständliche Informationen über das, was vorgesehen ist, erreicht werden. Im Sinne Epsteins werden den Kindern und Jugendlichen auf diesem Wege klare Erwartungen ermöglicht.

Hilfreich ist auch eine möglichst sachorientierte und interessante Gestaltung von Lern- und Leistungssituationen, denn sie fördert bei den Lernenden eine „Handlungsorientierung" und reduziert damit die Gefahr einer „Lageorientierung", also der Beschäftigung mit eigenen Zuständen, so etwa Befürchtungen und Ängsten (vgl. Spiel & Sirsch 2002, 49). Dies gilt gerade für Kinder und Jugendliche mit einer Neigung zu stärkerer Lageorientierung (vgl. 3.1.6).

Insbesondere ängstliche Kinder und Jugendliche benötigen bei komplexeren Aufgaben besondere Unterstützung, da sich hier die Angst besonders rasch leistungsbeeinträchtigend auswirkt – darauf macht das Yerkes-Dodson-Gesetz und die Folgeforschung aufmerksam (vgl. 4.1). Dies gilt umso stärker für Lernsituationen mit einem (subjektiv) hohen Bedeutungsgehalt.

Im Hinblick auf Leistungsbewertung ist es wichtig, gleichfalls Transparenz und Eindeutigkeit anzustreben (vgl. 3.1.8). Dies wird im Programm von Strittmatter über den zweiten Baustein realisiert: Welche Anforderungen bestehen, wie erfolgt auf Basis welcher Kriterien eine Bewertung von Leistungen – und welche Konsequenzen ergeben sich aus den Bewertungen? Bloße Noten sind im Hinblick auf Transparenz nur bedingt hilfreich; sie bedürfen der inhaltlichen Vermittlung. Gerade Mädchen scheinen auf Leistungsdruck besonders sensibel zu reagieren (vgl. Winkler Metzke & Steinhausen 2001, Kap. 3.1.8). Dabei ist für Pädagogen zum einen zu bedenken, dass Leistungen in unterschiedlichen Bereichen durchaus unterschiedlich ausfallen können. Zum anderen muss je Bereich (etwa Fach) noch zwischen den Aspekten der Lernleistung, der Arbeitsleistung sowie der Testleistung unterschieden werden. Ängste können sich im Vergleich dieser drei Bereiche durchaus unterschiedlich entwickeln und auswirken. So kann es sein, dass eine Schülerin mit besonderer Prüfungsängstlichkeit in Testleistungen versagt, jedoch in anderen Leistungsbereichen durchaus adäquate Leistungen erbringt. Es ist zum einen wichtig, dies zu erkennen und zum anderen der Schülerin auch rückzumelden, um ungünstige Generalisierungen ihrerseits zu minimieren.

Gerade Prüfungssituationen sind per se für viele Menschen besonders angstbesetzt; sie stellen Situationen öffentlicher sowie bedeutungs-

und folgenreicher Bewertung dar. Insofern sind hier Befürchtungen zunächst auch „normal". Wiederum gelten die Prinzipien Vorhersagbarkeit und Kontrollierbarkeit. Allerdings muss die Ankündigung von Prüfungen zugleich mit Möglichkeiten gekoppelt sein, die Zeit bis dahin zur Vorbereitung effektiv zu nutzen (vgl. Tücke 2005, 328). Zur Erleichterung und Reduzierung von Angstreaktionen gibt es für Prüfungen verschiedene Vorschläge: So können diese in Teile parzelliert werden (wie es etwa in modularisierten Studiengängen erfolgt), um die Bedeutung und damit die Angstbesetztheit der Einzelteile zu reduzieren (vgl. etwa ebd., 329). Belege für die Wirkung dieses Vorgehens finden sich etwa im Vergleich zwischen britischem und amerikanischem Schulsystem und den Folgen für Prüfungsangst (vgl. Krohne 1996, 314). „Eisbrecher" zu Beginn können in mündlichen Prüfungen hilfreich sein, indem zunächst einfachere Fragen gestellt werden, die erste Erfolgserlebnisse ermöglichen und damit Sicherheit geben. Prüfungssituationen auf Probe als eine Art „Trockenübungen" schlägt etwa Sörensen (vgl. 1994, 78) vor, um sowohl die Prüfungssituationen selbst als auch das eigene Verhalten und Erleben in diesen Situationen vorab beispielhaft zu erfahren. Zur Transparenz und Einschätzbarkeit der eigenen Situation in einer Prüfung gehören allerdings auch klare Rückmeldungen. Soweit diese eher negativ sind, wird es im Laufe einer Prüfung eine sensible Abwägung sein, welche Wirkung dies entfaltet, auch eine Abwägung zwischen ehrlicher Rückmeldung und der Gefahr der Entmutigung. Nach einer Prüfung sind klare, transparente Rückmeldungen bedeutungsvoll, um die Kontrolle bei der Vorbereitung auf weitere Prüfungssituationen zu erhöhen.

Erwähnenswert sind hier auch leistungsmotivationspsychologische Untersuchungen (vgl. Heckhausen 1989, 229), die zeigen, dass Lehrer durchaus als Modell für den Umgang mit Prüfungssituationen fungieren können, indem sie Aufgaben lösen und dabei über das Lösungsvorgehen und ihre Strategien sprechen. Es kann auch hilfreich sein, wenn Lehrer dabei über ihre eigene Prüfungsangst reden und darüber, wie diese sie in Prüfungen ablenken kann – allerdings nur unter der Bedingung, dass sie dann auch Strategien anbieten, wie sie selbst dennoch damit zurechtkommen.

8.4 Ansatzpunkt Gruppe

Die Dynamik innerhalb einer Gruppe von Kindern und Jugendlichen hat, offen wie verdeckt, erheblichen Einfluss auf die Entstehung, Aufrechterhaltung sowie Verstärkung von Ängsten. Damit ist sie ein besonderer Faktor des Lernfeldes und der Atmosphäre einer Einrichtung und steht mit dieser in Wechselwirkung. Verschiedene Bedingungen innerhalb einer Lern- und Lebensgemeinschaft in pädagogischen Kontexten können Ängste hervorrufen oder verstärken (vgl. Sörensen 1994, 78): Rivalität und Konkurrenz, Mobbing, mangelnde Anerkennung und soziale Isolierung, Unterjochungen und Misshandlungen, psychische und physische Gewalt. Auf der anderen Seite können Gruppen ihre Mitglieder unterstützen und Ängsten entscheidend entgegenwirken. Dies wird etwa auch im FREUNDE-Programm (vgl. 7.2.1; Essau & Conradt 2003a, 19 ff.) hervorgehoben; Gruppenprozesse sollen entsprechend konstruktiv für die Angstbewältigung nutzbar gemacht werden.

Auch hier gilt, dass potenziell die Option besteht, Ängste in ihrem Bezug zur Gruppendynamik zu thematisieren und gemeinsam mit Kindern und Jugendlichen aufzuarbeiten. Dies muss sorgfältig abgewogen und geplant werden, da es mehr Schaden anrichten als Nutzen hervorbringen kann. Es könnte dann abstrahiert Thema sein (Ängste im Allgemeinen), aber, wo sinnvoll und möglich, auch auf konkrete Ängste einzelner Kinder bezogen werden. Letzteres sollte stets in Abstimmung mit den Betroffenen erfolgen und ihr Einverständnis voraussetzen. Für schulische Kontexte hat Strittmatter hierzu eine Unterrichtseinheit entwickelt (vgl. 1997, 54 ff.).

Aus der Schul- und Unterrichtsforschung wurde unter 3.1.7 die besondere Bedeutung des Erlebens sozialer Anerkennung in der Gruppe herausgearbeitet. Anerkennung durch Mitschüler hat gleichermaßen für Mädchen wie für Jungen klare Bedeutsamkeit für die Prävention internalisierender Problematiken. Sensible Aufmerksamkeit muss vor allen Dingen denjenigen gelten, die zu Außenseitern zu werden drohen oder diese Rolle bereits einnehmen. Dann bedarf es gruppendynamischer Maßnahmen, um ihre soziale Integration zu stabilisieren oder Desintegration zu reduzieren. Dies ist sicher nicht einfach, da eine sich anbahnende Außenseiterposition häufig unter Kindern zu einem Teufelskreis zu werden droht. Für die betroffenen Kinder liegen dann allenfalls noch Freundschaften zu anderen sozial zurückgezogenen Kindern nahe, häufig auch mit gemeinsam geteiltem Mangel sozialer Kompetenz („social disability-These"; vgl. Lamnek 1996, 178 ff.). Es wäre wichtig, hier auch alternative Kontakte zu sozial nicht zurückgezogenen, sozial integrierten Kindern zu fördern.

Der Sensibilität und Aufmerksamkeit von Pädagogen obliegt es auch, potenziell angsterregende Prozesse in Gruppen von Kindern und Jugendlichen rechtzeitig zu erkennen: insbesondere Mobbing sowie Ausgrenzungsvorgänge. Je früher hier gegengesteuert werden kann, desto eher können auch daraus resultierende massive Angstproblematiken verhindert werden. Zentrale, gemeinsam vereinbarte Regeln für den sozialen Umgang liefern hierzu eine wichtige präventive Basis. Besondere Aufmerksamkeit gilt für die Schule den klassischen Randsituationen, an denen Gewalt auftritt: Schulwege, Pausensituationen.

Ganz grundsätzlich können Unternehmungen in der Gruppe Gemeinschaftsgefühl, Zusammenhalt und soziale Akzeptanz stärken: etwa Projekte, Ausflüge oder erlebnispädagogische Aktionen. Sie müssen jedoch gut geplant und ebenso gut aufgearbeitet werden.

Auch Gruppen werden durch gemeinsame Werte und Ziele geleitet. Krohne (vgl. 1996; siehe Kap. 1.2) macht darauf aufmerksam, dass Aspekte, die als besonders wert- und bedeutungsvoll erachtet werden, auch ein höheres Bedrohungserleben nach sich ziehen können. Von besonderer Relevanz dürfte dem zufolge gerade für Schulklassen die geteilte Wertigkeit von Leistungsorientierung sein: Da, wo diese für die Gesamtgruppe besonders hoch ausfällt, drohen auch starke leistungsbezogene Ängste (des Versagens, der Minderleistungen) aufzutreten. Diese Gefahr dürfte nochmals verstärkt für Mädchen und Mädchengruppen gelten (vgl. 3.1.8). In solchen Fällen wäre es wichtig, Maßnahmen zu ergreifen, um eine überstarke Leistungsorientierung zu thematisieren und zu bearbeiten sowie zu einer angemesseneren Orientierung an Leistungsstandards zu kommen.

8.5 Elternarbeit

Wenn sich aus der Therapieforschung zu Angststörungen bei Kindern und Jugendlichen ergibt, dass der Einbezug der Eltern für den Therapieerfolg wichtig ist und zunehmende Berücksichtigung erfährt (vgl. 6.6), so kann das in aller Vorsicht sicher auch auf den Umgang mit starken Ängsten sowie Ängstlichkeit in pädagogischen Handlungsfeldern übertragen werden.

Von besonderer Bedeutung ist dies dann, wenn zugleich Angststörungen der Eltern selbst vorliegen. Blatter & Schneider (vgl. 2007, 126) finden erste Hinweise dafür, dass eine Therapie der von Angststörungen betroffenen Eltern sich positiv auf die Entwicklung der Kinder auswirkt und möglicherweise dem Entstehen oder Verfestigen von Angstproblematiken entgegenzuwirken vermag. Im Rahmen von Elternkontakten können Pädagogen erkunden, ob hier ein Problem liegt und ggf. eine entsprechende gezielte Beratung oder auch eine Therapie empfehlen.

Aber auch dann, wenn nicht bei den Eltern selbst Angstproblematiken auftreten, haben Elternkontakte und die gemeinsame Arbeit mit den Eltern verschiedene bedeutsame Funktionen:

- Auf diesem Wege kann in Erfahrung gebracht werden, ob möglicherweise bestimmte problematische Belastungen oder auch Traumatisierungen vorliegen (vgl. 3.1.5): familiäre Gewalt, sexueller Missbrauch, aber auch Scheidung, Trennung, erhebliche familiäre Konflikte oder schwere Erkrankungen. Auch wenn die Forschung diese zunächst als eher störungsunspezifische Faktoren bezeichnet, wirken sie potenziell erheblich beeinträchtigend und können zu Angstproblematiken führen. Dazu kommen generelle familiäre Belastungsfaktoren wie Armut oder Arbeitslosigkeit sowie die grundsätzliche Stresssituation der Eltern.
- Es ergeben sich durch Eltern- und Familienkontakte Einblicke in die Eltern-Kind-Beziehung sowie Erziehungshaltungen und -verhalten, insbesondere die zentralen Faktoren Modelllernen, Bindung, Erziehungsstile und Kontrollerfahrungen. So wurden unter 3.1.4 solche problematischen Erziehungsstile dargestellt, für die ein Zusammenhang mit dem Entstehen von Angstproblematiken sehr wahrscheinlich ist. Soweit eine entsprechende Arbeitsbasis möglich ist, kann die

Aufmerksamkeit der Eltern auf kritische Faktoren gelenkt werden, wie sie unter 3.1.4 zusammengestellt wurden, und es könnten gemeinsam Möglichkeiten erarbeitet werden, elterliches Verhalten und familiäre Situationen entsprechend zu modifizieren. Des Weiteren sind gezielte Empfehlungen zur Erziehungsberatung oder anderen Hilfen zur Erziehung (nach SGB VIII) möglich. Dass selbst grundlegende Faktoren wie etwa das Bindungsverhalten beeinflussbar sind, versuchen etwa Scheidt & Waller (vgl. 2005, 367 f.) zu zeigen.

- Auch die seitens der Eltern vertretenen Werte sind hier von Bedeutung – insbesondere, ob sie an ihre Kinder unangemessene Erwartungen richten (vgl. etwa Gartner & Jirasko 1999) und Druck aufbauen, der sich in Form von Leistungsängsten in der Schule auswirken mag, möglicherweise auch in schulvermeidendem Verhalten. Des Weiteren sind eventuelle problematische Verbindungen zwischen schulischen Leistungen einerseits und elterlicher Zuneigung andererseits zu bedenken. Werte der Eltern werden rasch zu Werten der Kinder, und letztere wurden mit Krohne als ein bedeutender Faktor der Entstehung von Ängstlichkeit beschrieben (vgl. 1.2).
- Auch Verhaltensweisen der Eltern könnten von Interesse sein, aus denen sich eine Verstärkung von angsttypischen Reaktionen der Kinder ergibt – etwa die (möglicherweise ungewollte) positive Verstärkung von Flucht- und Vermeidungsverhalten gegenüber aversiven schulischen Situationen wie Prüfungen und Leistungserbringung.

Je nach Offenheit der Eltern können die erkannten Probleme, möglicherweise behutsam, angesprochen werden, und gemeinsam mit den Eltern könnte nach Lösungsstrategien gesucht werden, um diese Lösungen dann im nächsten Schritt anzugehen.

Eine Merkblattsammlung zu Verhaltenstherapie mit Kindern, die auch Informationen zu psychischen Störungen enthält, wurde von Perrez (vgl. 2004) herausgegeben. Hier finden sich elterngerecht formulierte Kurzdarstellungen zu Erscheinungsbild, Erklärungsmöglichkeiten, zentralen Handlungsansätzen und empfohlener Literatur bezogen auf Angststörungen sowie auch Depressionen und schulvermeidendes Verhalten bei Kindern.

Bach (vgl. 2004) hat im Rahmen seiner Evaluationsstudie zum FREUNDE-Programm (vgl. 7.2.1) die Erfahrung gemacht, dass die Elternbeteiligung im Hauptschulbereich gering war. Er führt dies nicht allein auf ein Problem der Hauptschule zurück, sondern auch auf einen im Vergleich zu externalisierenden Problematiken deutlich geringeren oder fehlenden Leidensdruck auf Seiten der Eltern. „Hier wäre es wichtig, neue Formen der Beteiligung zu finden und Anreize für die Eltern zu schaffen, an einem solchen Programm teilzunehmen, welches sich eventuell erst mittel- oder langfristig für ihre Kinder und damit auch für sie lohnt“ (ebd., 200).

8.6 Förderung der Kinder und Jugendlichen

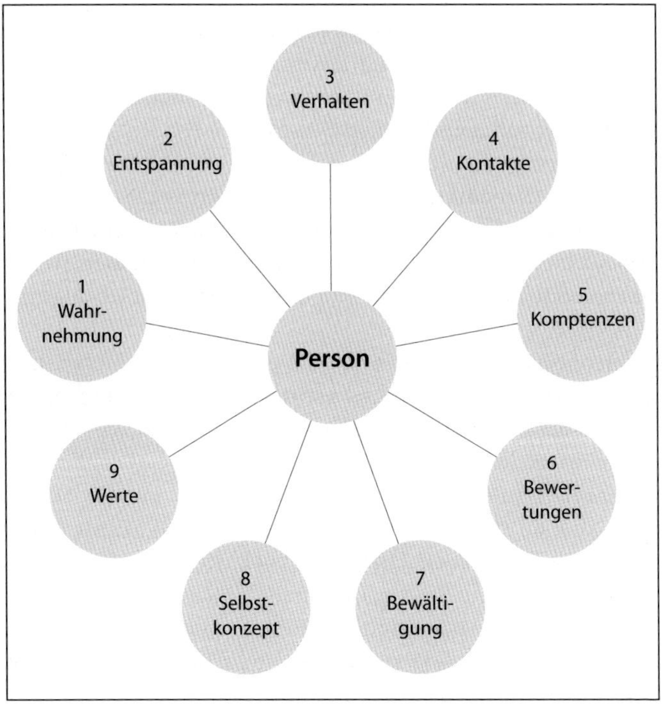

Abb. 5: Förderung der Kinder und Jugendlichen

Im Folgenden werden verschiedene Ansatzpunkte und Möglichkeiten erörtert, um Kinder und Jugendliche und dabei gerade diejenigen, die bereits stärkere Ängste zeigen, direkt zu fördern, auch im Sinne einer selektiven oder indizierten Prävention. Dabei kann hier eine engere Orientierung an den Theorien zur Erklärung von Angst und Ängstlichkeit erfolgen, da es nun um einzelne Individuen und deren spezifische Ängste geht. Im Vordergrund sollen, aus dem bis hierher erarbeiteten Erkenntnisstand zu Ängstlichkeit und Angststörungen heraus, neun Ansatzpunkte stehen (vgl. Abbildung 5).

8.6.1 Wahrnehmung stärken

Es mag zunächst überraschend wirken, aber zumindest für einen Teil der Kinder und Jugendlichen mit Angstproblematiken könnte es hilfreich sein, ihre Selbstwahrnehmung zu stärken. Hinweise auf die Bedeutung einer solchen „Achtsamkeit" wurden unter 3.2.2.2 angesprochen. Im Vordergrund steht dabei ein waches Erleben des Augenblicks, also der gesamten Situation, zu der auch die eigenen Gefühle gehören. Dies ist die Basis einer differenzierten Analyse dessen, was aktuell geschieht, und ohne eine solche Differenzierung ist auch keine angemessene Reaktion möglich. Dabei können Gefühle, auch Angst, als wichtiger Gradmesser des situativen Erlebens gelten, denen ein bedeutsamer Informationsgehalt zukommt. Der Nutzen einer solchen Achtsamkeit ergibt sich wohl vor allen Dingen für diejenigen Kinder und Jugendlichen, die zur „Repression", zur defensiven Unterdrückung der Wahrnehmung neigen und sich damit wichtigen Informationen verschließen.

Ein Aspekt dieses Erlebens ist das Bewusstsein für eigene Körperreaktionen, auch für physiologische Angstreaktionen wie Schwitzen, Herzschlagerhöhung oder Zittern, die in einem gewissen Rahmen normal sind, weil sie autonom in Zusammenhang mit bestimmten Reizen und in bestimmten Situationen auftreten (vgl. Essau & Conradt 2003a, 16 ff.).

Eine Hilfe können auch verschiedene Programme und Ansätze der Psychoedukation zu Angst bieten (vgl. Blatter & Schneider 2007, 126 ff.), denn hier werden differenzierte Informationen zum Phänomen Angst gegeben und in das Bewusstsein von Kindern und Jugendlichen geführt. Nur erkannte Gefühle können auch bearbeitet werden. Es wird daher wichtig sein, eigene Ängste genau wahrzunehmen und differenziert betrachten zu können. Hier, beim Erkennen und Bearbeiten von Gefühlen, setzt auch ein Baustein des Programms von Strittmatter an (vgl. 7.2.5).

Hier könnte die Kritik aufkommen, dass diese Stärkung von Wahrnehmung und Erleben die Betroffenen geradezu in ihre Ängste hineindrängt. Dies ist insofern berechtigt, als eine solche Strategie für jene Kinder und Jugendlichen, die zum „Sensitizing", also zur übersensiblen Selbstwahrnehmung von Gefühlen neigen, möglicherweise kontraindiziert ist. Daher ist hier unbedingt zu unterscheiden, und es obliegt der differenzierten Einschätzung von Pädagogen, bei welchen Kindern und Jugendlichen eine Intensivierung der Wahrnehmung gefördert wird. Zudem wird gerade da, wo stärkere Angstprobleme vorliegen, eine solche Stärkung genauer Wahrnehmung nur mit engerer pädagogischer Begleitung verantwortungsvoll sein, also in kleinen Gruppen. Dies gilt insbesondere für den Extremfall der „Angstsensitivität", des intensiven Fokussierens auf eigene Körperreaktionen und Gefühle und der Hineinsteigerung in eine „Angst vor der Angst" (vgl. 3.1.6). Möglicherweise helfen hier, gerade für ältere Kinder und Jugendliche, jedoch durchaus auch psychoedukative Anteile, durch die gerade die problematischen „Mechanismen" bis hin zu Panikanfällen bewusst gemacht werden können. Stärkung der Wahrnehmung ist insofern ein pädagogisches Handlungsprogramm, das im Sinne einer selektiv-präventiven Indikation verstanden und gehandhabt werden soll.

8.6.2 Entspannungsfähigkeit fördern

Angst als starkem Spannungszustand steht als Antagonist Entspannung entgegen. Umso größer ist die Bedeutung von Entspannung für Kinder und Jugendliche mit einem grundsätzlich hohen Erregungspotenzial, wie es als starke Triebspannung, Grundangst oder auch „existentielle Angst" beschrieben wurde (vgl. 1.2). Hier wird es ein breites Spektrum von niedrigen bis zu sehr hohen Niveaus geben.

Insofern kann es hilfreich sein, Entspannungsangebote zu machen, regelmäßige Entspannung zu trainieren sowie auch Entspannungsverfahren so einzuführen, dass sie nach einiger Zeit von Kindern und Jugendlichen selbst eingesetzt werden können. Zum einen kann dadurch über längere Frist das generelle Spannungsniveau positiv beeinflusst werden, was sich auf soziale und Leistungssituationen auswirkt, und zum anderen könnten Entspannungsverfahren dann gezielt vor oder während angstauslösenden Situationen eingesetzt werden – im Sinne einer Gegenkonditionierung der „Reaktion Entspannung" zur „Reaktion Angst", wie sie sich aus dem klassischen Konditionieren ergibt (das Verfahren wurde unter 6.2 beschrieben).

Ein Zustand stärkerer Entspannung könnte auch besonders für die „Risikogruppe" solcher Kinder und Jugendlichen hilfreich sein, bei denen Verhaltenshemmung (Behavioral Inhibition) stark ausgeprägt ist und die daher, grundlegend persönlichkeitsbedingt, auf Situationen überstark mit Zurückhaltung oder gar Vermeidung reagieren.

Sehr verbreitete Verfahren sind solche mit kognitivem Zugang wie Autogenes Training und meditative Verfahren, solche mit sensorischem Zugang wie Progressive Muskelrelaxation und Biofeedbackverfahren sowie solche mit imaginativem Zugang, etwa verschiedene Formen von Phantasiereisen, aber auch einzelne Ruhebilder (vgl. Petermann 2008). Einen Überblick zu Entspannungsverfahren und ihren Einsatzmöglichkeiten in der Schule bietet Winkler (vgl. 1998); hilfreiche Hinweise gibt Goetze (vgl. 2010, 215). Sehr verbreitet, auch in Trainingsprogrammen (Kap. 7), sind Phantasiereisen sowie die Progressive Muskelentspannung, aber auch Kombinationen. Aus dem Kontext des Autogenen Trainings werden bei Kindern und Jugendlichen insbesondere Übungen der Unterstufe eingesetzt; es existieren zudem besondere Formen (vgl. Petermann 2008). Auch die Progressive Muskelrelaxation bedarf für Kinder entsprechender Umsetzungen (vgl. etwa Goetze 2010, 209).

Wenn die Gestalttheorie (vgl. 3.2.4) eine unterdrückte Atmung als mögliches Problem des Entstehens oder der Verstärkung von Angstproblematiken beschreibt, wären auch Atemübungen ein für verschiedene Kinder und Jugendliche hilfreiches Verfahren der Spannungsreduzierung. Dies könnte in pädagogischen Kontexten behutsam angegangen werden. Allerdings ist dabei große Vorsicht angeraten, denn die Gestalttheorie geht ja davon aus, dass solche Atmungsblockaden helfen, innere Erregungen zu kontrollieren, die im Falle erheblicherer psychischer Problematiken aufbrechen könnten. Es käme in solchen Fällen möglicherweise zu intensiven emotionalen Zuständen, die sich in pädagogischen Kontexten kaum bearbeiten lassen. Das Verfahren ist im Grunde paradox: Es führt über die Befreiung angestauter Erregung zu einer längerfristigen Spannungsreduzierung. Häufig werden sich hierfür eher therapeutische Kontexte anbieten, möglicherweise aber auch kleine Fördergruppen mit professioneller Begleitung, etwa durch entsprechend qualifizierte Sonderpädagogen.

Bei gravierenden Angstproblematiken werden möglicherweise Psychopharmaka eingesetzt (vgl. 6.1). Diese können vorübergehend, bei aller Kritik an einer Übertherapierung und zu laxer Verschreibungspraxis, unter Umständen durchaus passagere Hilfe und Erleichterung erbringen, auch im Sinne entspannender Angstlösung. Wichtig für Pädagogen ist, wie unter 6.1 angesprochen, ein grundlegendes Wissen hierzu: zum einen, welche Kinder entsprechend therapiert werden, zum anderen Kenntnisse bezüglich der Wirkungen und Nebenwirkungen dieser Präparate. Dabei sind auch Informationsaustausch und Zusammenarbeit mit Medizinern von Bedeutung. Auch wenn Pädagogen hierfür sicher keine Experten sein müssen, ergibt sich die Notwendigkeit eines grundlegenden Kenntnisstandes aus der professionellen Verantwortlichkeit heraus, denn die Wirkstoffe haben unter Umständen erheblichen Einfluss auf das Erleben und Verhalten.

Im Hinblick auf den Einsatz von Entspannungsverfahren sind einige – unter Umständen durchaus ernst zu nehmende – Probleme zu bedenken: Es könnte zu dem paradoxen Effekt einer „entspannungsinduzierten Angst“ kommen, wie sie unter 3.1.8 für manche Angstpatienten beschrieben wurde, indem gerade aus Entspannungssituationen heraus massive Ängste auftreten. Falls eine solche Reaktion entsteht, ist dies wahrscheinlich ein Gradmesser für erhebliche innere Konflikte; es müsste entsprechend aufgefangen und weiter bearbeitet werden. Durch den Einsatz von Entspannungsverfahren kann es aber auch grundsätzlich zum Aufbrechen zurückgehaltener Konflikte kommen, wie am Beispiel der Atemübungen angesprochen. Pädagogen sind gut beraten, ein solches Risiko möglichst gut abzuschätzen, auch ihre Möglichkeiten, darauf gegebenenfalls reagieren sowie Unterstützung abrufen zu können.

8.6.3 Gelernte Angstreaktionen und Vermeidungsverhalten abbauen

Aus der lernpsychologischen Sicht von Angstproblematiken heraus (vgl. 3.2.1) wurde deutlich, dass zwei zentrale Probleme bestehen können: zum einen die automatisierte Verkoppelung zwischen bestimmten situativen „Reizbedingungen" und problematischen, stärkeren und häufigeren Angstreaktionen und zum anderen die nachfolgende Vermeidung dieser Bedingungen und Situationen, die wiederum die Verstärkung dieses problematischen Verhaltens nach sich zieht. Auch Krohne (vgl. 1996) weist bezüglich Ängstlichkeit auf das Problem starker gelernter Angstreaktionen hin (siehe Kap. 1.2).

Solche Verkoppelungen und Vermeidungsreaktionen dürften auch in pädagogischen Kontexten häufig auftreten, beispielsweise im Sportunterricht. Je weniger Problemsituationen vermieden werden, umso mehr kann in und an ihnen gelernt werden. Soweit Vermeidungstendenzen recht früh in der Phase der Entwicklung erkannt werden und noch nicht allzu verfestigt sind, könnte hier das Wissen um die Wirkung der Systematischen Desensibilisierung pädagogisch genutzt werden (vgl. Kap. 6.2): Man kann versuchen, das Kind oder den Jugendlichen zu unterstützen, sich den angstbesetzten Situationen zu stellen. Mit Hilfe einer gemeinsam erstellten Angsthierarchie könnte man sich der Problematik ausgehend von den Situationen mit geringer Angsterregung annähern. So könnten „große" Angstsituationen in kleine, bewältigbare Schritte und Komponenten aufgelöst werden. Ergänzende Unterstützung könnte, im Sinne der Gegenkonditionierung, von Entspannungshilfen für die angsterregende Situation kommen. Auch wäre es denkbar, ein Modell einzusetzen, welches sich der kritischen Situation erfolgreich stellt. Empfehlenswert sind dabei im Rahmen eines Peer-Learning-Konzepts (vgl. Essau & Conradt 2003a, 18; Greco & Morris 2001) solche Modelle, die seitens des ängstlichen Kindes als ähnlich, also nicht zu weit von ihm „entfernt" erlebt werden: andere Kinder, möglicherweise auch solche, die früher ähnliche Ängste gezeigt haben. Wichtig ist auch eine ermutigende Unterstützung durch Pädagogen, um erneutes Vermeiden und Aufgeben zu verhindern, welches die Ängste wiederum zu verstärken droht. Eine weitere Hilfe kann durch Verstärkung oder Selbstverstärkung erfolgen, wenn es gelingt, sich der angstauslösenden Situation zu stellen.

Wenn mittlerweile davon ausgegangen wird, dass auch für Kinder Verfahren der Konfrontation in Frage kommen und teilweise gute Wirkungen erzielen (vgl. 6.2), so ist dies für pädagogische Handlungsfelder außerordentlich vorsichtig abzuwägen. Bei weniger gravierenden Fällen könnte dies, unter Zuhilfenahme der oben genannten Unterstützungsverfahren, erwogen werden, wenn eine sehr enge Betreuung möglich ist und das Ganze auf Freiwilligkeit basiert. Dabei könnte zunächst eine imaginative Exposition (in sensu) erfolgen, um sich dann einer tatsächlichen Konfrontation anzunähern (in vivo). Dies ist möglicherweise dann realisierbar, wenn spezifisches Betreuungspersonal wie Sonder- oder Sozialpädagogen zur Begleitung zur Verfügung steht.

Auch hier können ergänzend Selbstverbalisationen eingesetzt werden, wie sie unter 8.6.6 und 8.6.7 näher beschrieben werden. Möglicherweise könnten die Modelle ihr beispielgebendes Verhalten auch laut kommentieren, einschließlich der aufkommenden Sorgen und Bedenken (kognitives Modellieren, vgl. Kap. 6.3).

Eine gute Annäherung an gelernte Angstreaktionen kann jedoch gerade im pädagogischen Feld auch simulativ und spielerisch erfolgen: in Form von Rollenspielen, welche die Angstsituationen thematisieren, oder anderen spielerischen Sequenzen. Dies wird gerade für jüngere Kinder eine bedeutsame Alternative sein und möglicherweise eine schrittweise Annäherung erleichtern. Unverzichtbar ist der Transfer der gespielten Situationen auf reale.

8.6.4 Soziale Scheu reduzieren

Über die Vermeidung bestimmter sehr umschriebener Situationen hinaus wird im Rahmen personbezogener Ängstlichkeit auch die allgemeine Vermeidung vieler sozialer Situationen beschrieben. Im Konzept von Cattell (vgl. 1973; Kap. 1.2) erscheint sie als „soziale Scheu“, in der neueren Forschung als prognostisch problematisches Temperamentsmerkmal Verhaltenshemmung („Behavioral Inhibition“ (vgl. 3.1.2). Es handelt sich hier wohl um grundlegende Persönlichkeitseigenarten, die als solche nur schwer beeinflussbar sind. Da sie aber in der Folge Angststörungen nach sich ziehen können, ist es hilfreich, einer Ausweitung der Folgen bis hin zur generellen Vermeidung sozialer Situationen entgegenzuwirken.

Hier ist differenziert zu trennen, ob die Kompetenzen zu einem entsprechend sozial kompetenten Verhalten nicht vorliegen oder ob sie blockiert sind und nicht gezeigt werden. Wiederum ist eine gute pädagogische Diagnostik gefordert, um dies unterscheiden zu können. Mit der Frage des Kompetenzaufbaus beschäftigen sich die Ausführungen des nachfolgenden Kapitels 8.6.5. Hier soll es um das Problem der Vermeidung und Blockaden gehen.

Im Hinblick auf soziale Scheu muss der Veränderungswunsch vom betroffenen Kind oder Jugendlichen ausgehen, denn es wird sich um eine Art Schutzmechanismus vor überfordernden, subjektiv zu belastenden Situationen handeln, wie ihn etwa die Gestalttheorie (vgl. 3.2.4) als Kontaktfunktion beschreibt. Die Veränderungsplanung wird langfristig sein müssen, denn im Hintergrund stehen tief verwurzelte persönliche Eigenarten. Es ist entlastend, diese (und sich selbst als „sozial scheu") zunächst annehmen zu können. Dies muss allerdings auch Pädagogen gegenüber dem Kind gelingen. Kinder mit „sozialer Scheu" werden sich immer wieder so verhalten. Das Augenmerk muss sich darauf richten, wann soziale Scheu zu überstarker Vermeidung oder zu sozialer Isolation zu führen droht, um dem rechtzeitig mit pädagogischen Maßnahmen entgegenzuwirken.

Da das Problem eben nicht auf der Kompetenzebene liegt, können hier verschiedene Maßnahmen der Selbstinstruktion, der Ermutigung und der Selbststärkung hilfreich sein, wie sie unter 8.6.6, 8.6.7 und 8.6.8 dargestellt werden. Für die betroffenen Kinder und Jugendlichen wird es hilfreich sein, sich dosierte, machbare, kleinere Ziele zu stecken: nicht vor einer großen, aber vor einer kleineren Gruppe frei zu reden, mit einzelnen Spielpartnern Kontakt aufzunehmen. Hilfreich können auch hier Rollenspiele sein, wie sie in verschiedenen Förderprogrammen verankert sind.

8.6.5 Kompetenzen aufbauen

Es ist mittlerweile eine lernpsychologische Binsenweisheit, dass der Abbau von Problemverhalten (siehe 8.6.3) nicht ohne den parallelen Aufbau konstruktiven Verhaltens auskommt. Nichtsdestotrotz wird dies in der Praxis leicht übersehen, denn die „störenden" Verhaltensweisen stehen im Vordergrund der Aufmerksamkeit. Aus lerntheoretischer Sicht handelt es sich bei Ängstlichkeit oft um eine „Repertoire-Unsicherheit“: in sozialen Situationen steht nur ein sehr eingeschränktes Verhaltensrepertoire zur Verfügung, und dies sorgt für die Verunsicherung und Angst. In diesem Sinne wäre es in der Tat wichtig, verstärkt vielfältige soziale Verhaltensweisen und Reaktionsmöglichkeiten aufzubauen. Seligman (vgl. 1995, 54) bezeichnet diese Einübung von Verhaltensweisen bei der Auseinandersetzung mit belastenden Situationen als „behaviorale Immunisierung“. Ängstliche Kinder und Jugendliche *glauben* nicht nur, geringere Bewältigungskompetenzen zu haben – häufig ist dies auch *tatsächlich* so (vgl. Krohne 1996; Kap. 1.2), zumal, wenn problematische Situationen vermieden werden.

Für einen entsprechenden Kompetenzaufbau sind mindestens drei inhaltliche Felder zu berücksichtigen:

- Kompetenzen zum Umgang mit sozialen Situationen: Emotionen anderer differenziert zu erkennen, Umgang mit Kritik im sozialen Feld, im sozialen Mittelpunkt zu stehen, sich angemessen selbst zu behaupten und sich kooperativ zu verhalten;
- Kompetenzen zum Umgang mit Leistungssituationen und Herausforderungen: Strategien des effektiven Lernens und Arbeitens, Vorbereitung des Umganges mit Prüfungen (vgl. Suhr-Dachs & Döpfner 2005; Kap. 7.3.3);
- Kompetenzen zur Regulation der eigenen (inneren) Reaktionen: Insbesondere über Selbstinstruktionen (vgl. 8.6.7) können eigene Reaktionen gesteuert und kontrolliert werden. Im Sinne des Aufbaus eines modulierten Angstkontrollsystems (vgl. 3.2.2.1) helfen hier Erfahrungen mit besonderen, angsterregenden Situationen und der eigenen Reaktion hierauf, um diese im weiteren Verlauf im Vorfeld erkennen und sich entsprechend darauf einstellen zu können.

Voraussetzung für den differenzierten, gezielten Einsatz der angeeigneten Kompetenzen ist wiederum die Fähigkeit zu genauer Wahrnehmung und Einschätzung von Situationen, dabei auch eine Auspegelung von wenig „repression“, also Unterdrückung der Problemwahrnehmung, und zugleich wenig „sensitization“, also das zu starke „Hineinsteigern“ – im Sinne einer Strategie der problembezogenen „Vigilanz“ (vgl. 3.2.2.2) oder einer nicht-wertenden „Achtsamkeit“ (vgl. 1.2). Auch

Schmidt-Traub (vgl. 2003, 118) weist auf die positive Wirkung von „gerichteter Aufmerksamkeit“ (mindfulness) hin, „eine Form von Akzeptanz, bei der die Person ihre Aufmerksamkeit willkürlich auf internale oder externale Ereignisse richtet, ohne diese beurteilen oder verändern zu wollen [...] Dieses Vorgehen dürfte grundsätzlich hilfreich sein für negativ eingestellte Personen“ (ebd.). Es ist recht eng mit dem verbunden, was als „Achtsamkeit“ bezeichnet wird. Um dieses differenzierte, offene Erleben bei solchen Kindern oder Jugendlichen zu fördern, die hier einen besonderen Bedarf haben, sind kleine Gruppen vonnöten, unter Umständen Einzelförderung.

Auch hier wird Rollenspiel wiederum eine bedeutsame Methode der Wahl sein, um sozial-, leistungs-und selbstwahrnehmungsbezogene Kompetenzen zu fördern. Es findet sich in verschiedensten Trainingsprogrammen (vgl. 7). Wichtig ist, dass Pädagogen die bestehenden Verhaltensdefizite erkennen und genau analysieren sowie die Kinder oder Jugendlichen im Rollenspiel nicht überfordern, wodurch neue Ängste evoziert würden. Auch hier, in diesem Feld der Simulation, kann eine behutsame Annäherung an ernsthaft angsterregende Situationen sehr wichtig sein. Im Rahmen der Rollenspiele unterstützt ein „Sprechen in verschiedenen Rollen“, wie es die Gestaltpädagogik praktiziert (vgl. Stein 2005, 48 ff.), das Kennenlernen anderer Perspektiven, um neue Erkenntnisse zu gewinnen. So könnten ängstliche Kinder sich aus der Perspektive ihrer Spielpartner betrachten und auf diesem Wege Bewusstheit über Teufelskreise der wechselseitigen Interaktion erlangen.

8.6.6 Angemessene Erwartungen und Bewertungen aufbauen

Kognitive Strategien des Umganges mit Situationen, auch mit potenziell angsterregenden, stellen einen der Brennpunkte der Entstehung von Angstproblematiken dar. Dazu gehören geringe Kompetenzerwartungen an sich selbst (vgl. 1.2), problematische Kontrollüberzeugungen und Attributionen (etwa, Misserfolge im Hinblick auf soziale und Leistungssituationen internal-stabil auf die eigene Fähigkeit zu attribuieren, Erfolge hingegen external-variabel auf günstige Umstände der Situation zu beziehen) sowie problematische Konsequenzerwartungen für Situationen im Sinne genereller Bedrohungserwartungen (es werde wieder schlimm werden, schief gehen usw.). Für die betroffenen Kinder und Jugendlichen wäre es wichtig, bei Misserfolgen gedanklich nicht im Sinne der typischen Attributionsmuster zu katastrophieren, personalisieren und übergeneralisieren (vgl. 3.2.2.2). Dies gilt umso mehr, als problematische Erwartungen (3.2.2.1) und Bewertungen (3.2.2.2) eine erhöhte Angstsensibilität und die verstärkte Beobachtung des eigenen Inneren (Lageorientierung) nach sich ziehen (vgl. 1.2, 3.2.5).

Wenn es auch keineswegs einfach ist und zumeist einen langfristigen Prozess erfordert, können solche verfestigten Muster durchaus „aufgebrochen" werden. Zunächst gilt es für Pädagogen wie Zu-Erziehende, sie zu erkennen. Dann können Erzieher gezielt solche Rückmeldungen geben, die immer wieder alternative Ursachenzuschreibungen für Erfolge (internal, stabil) und Misserfolge (auf die aktuellen Umstände bezogen) nahe legen. Angesichts der Verfestigung der Muster ist es wichtig, dass konsequent und über längere Zeit alternative Denkmuster angeboten werden – in aktuellen Bewertungssituationen, aber auch als „Rüstzeug" für später, etwa als Gegengewicht zu problematischen Erwartungen, eine Situation werde schlimm ausgehen oder man werde etwas sicher nicht können. Besonders hilfreich im Sinne des Peer-Lernens sind auch attributive Rückmeldungen anderer Kinder der jeweiligen Gruppe, soweit sie konstruktiv ausfallen und sich gegen die festgefahrenen negativen Muster richten. Aus der Bewusstheit bei den Kindern und Jugendlichen selbst kann zugleich das Potenzial entstehen, andere als die (üblichen) problematischen Wahrnehmungen zu fokussieren und Situationen ebenso differenziert zu beurteilen (primary appraisal) wie die eigenen Potenziale, damit umzugehen (secondary appraisal). Dies gilt beispielsweise im Falle von starken Leistungsängsten für die erste, kritische Phase in schriftlichen oder mündlichen Prüfungssituationen, in denen problematische Bewertungsprozesse auftreten, welche den weiteren Verlauf stark belasten: der Aufgabe nicht gewachsen zu sein, sicher schon wieder zu versagen usw. Neben einer Veränderung der Bewertungsprozesse spielen hier auch Coping-Strategien eine bedeutsame Rolle, die unter 8.6.7 betrachtet werden.

Hilfreich wären natürlich keine übersteigerten Kompetenzüberzeugungen, sondern schlichtweg den eigenen Potenzialen angemessene. Wenn sich dabei Kompetenzen als zu gering erweisen, müsste an diesen gearbeitet werden (vgl. 8.6.5), denn das Ziel sollten realistische Wahrnehmungen sein und nicht ein Selbstbetrug.

Insbesondere bei Jugendlichen ergeben sich jedoch auch psychoedukative Möglichkeiten: Die (problematischen) Wirkungen von Attributionsmustern, von Erwartungen und Bewertungsprozessen, könnten direkt vermittelt und diskutiert werden, damit die Jugendlichen dann auf Basis dieses Wissens an sich selbst arbeiten. Dabei kann auch das konkrete Wissen über kognitive Angsttheorien eingesetzt werden.

Bedeutsame Ziele dieser Bemühungen liegen

- im Setzen realistischer Ziele und Anspruchsniveaus (vgl. Strittmatter 1997, 92 ff.), auch der Aufgliederung von Zielen in kleinere, erreichbare Einheiten – ein nicht zu unterschätzender Aspekt bezogen auf ängstliche Kinder, zum einen im Leistungs-, zum anderen im sozialen Bereich;
- in der Fähigkeit zur differenzierte Einschätzung von Situationen und dem realistisch zu Erwartenden;
- in der subjektive Kompetenzerhöhung als Fähigkeit, eigene verfügbare Kompetenzen und Ressourcen auch zu erkennen und entsprechend auf sie zugreifen zu können.

8.6.7 Aufbau differenzierter Strategien zur Bewältigung (Coping)

Auch zur Bewältigung von angstauslösenden Situationen und des Auftretens eigener Ängste können pädagogische Hilfestellungen gegeben werden. Ausgehend von der kognitiven Stresstheorie von Lazarus (vgl. 3.2.2.2) lassen sich drei grundlegende Ansatzpunkte unterscheiden: bewertungszentrierte, problemzentrierte sowie emotionszentrierte Bewältigung.

Bewertungszentrierte Aspekte wurden im vorangehenden Kapitel schon diskutiert. Ergänzend soll auf die Möglichkeit der Umdeutung hingewiesen werden, indem ein Kind oder Jugendlicher auch versuchen könnte, eine Situation anders zu interpretieren und zu sehen, so etwa nicht als Bedrohung, sondern stärker als Herausforderung. Dies könnte das Erleben deutlich verändern, wobei die Umdeutungen im Rahmen des Realistischen bleiben müssen.

Im Hinblick auf problemzentrierte Bewältigung wurden die zentralen Möglichkeiten genannt: Beseitigen des Angstauslösers, Suchen nach zusätzlicher Information sowie Einholen von Unterstützung. Hier ist es wichtig, Kinder und Jugendliche Hilfestellungen zu geben, um auch in angsterregenden Situationen problemfokussiert zu bleiben, also eine Handlungsorientierung beizubehalten und eine selbstzentrierte, bei der Problemlösung störende Lageorientierung zu vermeiden. Des Weiteren ist es hilfreich, diese angstinduzierende Situation in gezielten Schritten zu bearbeiten, im Sinne eines über bestimmte Phasen verlaufenden Problemlöseprozesses (siehe die „U"-Komponente des FREUNDE-Programms; 7.2.1). Ausgehend von der transaktionalen Stresstheorie hieße das, systematisch die Situation zu beurteilen, die eigenen Potenziale und Möglichkeiten, dann eine Lösung der Herausforderung anzugehen und diese im Hinblick auf ihren Erfolg einzuschätzen. Für beides, Aufrechterhaltung der Handlungsorientierung sowie prozessuale Reaktion auf die Problemsituation, können verschiedene Selbstinstruktionen genutzt werden: innere Sätze, etwa zur Beruhigung oder zur Problemfokussierung, Stopp-Gedanken gegenüber störenden Impulsen (etwa der Lageorientierung), kognitive Umstrukturierung (vgl. Essau & Conradt 2003, 40ff.) sowie Selbstinstruktionen zur Problemfokussierung der Aufmerksamkeit, zur Veränderung des eigenen Zustands, zu Problemlöseschritten, zur Selbstbewertung.

Diese inneren Impulse und Problemlösestrategien müssten, jeweils individuell, gemeinsam erarbeitet und dann mit Unterstützung erprobt werden. Dies kann in vielen pädagogischen Alltagssituationen geschehen, sollte allerdings immer wieder aufgearbeitet werden. Es könnten unterstützende Medien genutzt werden: etwa Pläne oder Graphiken mit Ablaufschemata oder auch Karten wie in manchen Trainings (vgl. 7.3.1), auf denen persönliche Selbstinstruktionen notiert werden, um sie dann im Falle des Falles zu nutzen. Während grundlegende Strategien, etwa des Umganges mit einer angsterregenden Situation, im Sinne der Universalprävention ganzen Gruppen von Kindern und Jugendlichen vermittelt werden könnten, ist die Arbeit an persönlichen Ängsten und ihrer Bewältigung ein recht intensiver Prozess der selektiven und indizierten Prävention, welcher enger Betreuung bedarf und nur in spezifischen Kontexten möglich sein wird, etwa sonderpädagogisch betreut.

Emotionszentrierte Bewältigung schließlich zielt auf eine Regulation der inneren Prozesse. Auch hier kann inneres Sprechen hilfreich sein, etwa zur Selbstberuhigung in Erregungssituationen. Auch hier können des Weiteren Entspannungsverfahren Hilfe leisten.

Die Potenziale, die sich gerade für den Bereich Bewältigung ergeben, dürften recht stark altersabhängig sein, da viele Ansatzpunkte recht differenzierte kognitive Kompetenzen der Einschätzung, Beurteilung und Bewusstheit erfordern.

Bei abnormer Angstkontrolle eines Kindes oder auch, wenn Ängste nicht vermieden werden konnten und belastend wirken, ist auch eine Aufarbeitung im Sinne retroaktiver Stressbewältigung vorstellbar: Gemeinsam, gegebenenfalls vorsichtig und dosiert wird eine Angstsituation noch einmal nacherlebt, es werden aufgestaute Spannungen entladen – und es wird nach Lösungen für ähnliche weitere Situationen gesucht. Dieses Vorgehen wird schon deutliche therapeutische Merkmale aufweisen.

Präventiv hilfreich für Leistungssituationen ist auch die Vermittlung von Strategien des Lernens, des Arbeitens, aber auch der Vorbereitung auf und des Umgangs mit Prüfungen, wie es etwa in Strittmatters viertem Trainingsbaustein vorgesehen ist (vgl. Strittmatter 1997, 121 ff.; siehe 7.2.5).

Das bloße Bewusstsein, ein Spektrum von Copingstrategien zu kennen und einsetzen zu können, mag, ähnlich wie andere Maßnahmen, erheblich zu Beruhigung und Gelassenheit in subjektiven Bedrohungssituationen beitragen, auch ohne dass diese Strategien überhaupt eingesetzt würden.

8.6.8 Stärkung des Selbstkonzepts

Es wurde deutlich, dass Ängstlichkeit unter Umständen stark im Selbstkonzept verankert ist (vgl. 1.2). Dies geht einher mit geringer emotionaler Stabilität, der Neigung, Schuld für Verfehlungen und Problematisches bei sich selbst zu suchen, sowie einem schwachen Vertrauen in die eigene Willenskontrolle und die eigenen Möglichkeiten, mit schwierigen Situationen umzugehen.

Ängstlichkeit ist insofern häufig mit einem negativen Selbstkonzept verbunden. Dies kann mit einer Pädagogik der Ermutigung aufgegriffen werden, die sich im Sinne selektiver Prävention spezifisch auf die entsprechend gefährdeten Kinder richtet. Hier bestehen enge Verbindungen zu den unter 8.6.6 erörterten Ansatzpunkten Bewertung und Attribution. Allerdings müsste dies hier weniger auf einzelne Aspekte und Verhaltenssequenzen zentriert werden und stärker auf die ganze Person: bei Erfolgen internal-stabil zu attribuieren („Ich bin schlau!"), eigene Ressourcen da, wo es realistisch ist, personal zu bewerten („Ich kann es!"). In Austauschrunden könnten gezielt besondere positive Eigenschaften gesucht und benannt werden („Ich kann besonders gut ..."; „Peter kann besonders gut ..."). Wenn die N-Komponente von FREUNDE (vgl. 7.2.1) Selbstbelohnung vorsieht, so muss man dies nicht nur eingeschränkt kognitiv-behavioral verstehen – gezielte Selbstbelohnung wirkt unterstützend auf das gesamte Selbstkonzept in seiner Verschränkung kognitiver wie emotionaler Aspekte.

Da sich dieses Bild von sich selbst sowohl aus leistungs- als auch aus sozialbezogenen Anteilen speist und auf diese zurückwirkt, sind konkrete positive Erfahrungen in beiden Bereichen wichtig für eine Stärkung. Gerade in schulischen und anderen pädagogischen Kontexten kann dies gezielt genutzt werden, um solche Erfahrungen an bewältigbaren Aufgaben zu ermöglichen und den Kindern und Jugendlichen auch bewusst zu machen: Erfolge im Bereich schulischer Leistungen, aber auch Erfolge in der Bewältigung angsterregender sozialer Situationen.

Ebenso hilfreich kann eine gezielte Ausdifferenzierung des Selbstkonzepts sein, indem ein Kind oder Jugendlicher erkennt, dass eine Generalisierung der Misserfolge in bestimmten Leistungsbereichen auf andere Leistungen oder auch auf soziale Herausforderungen nicht angemessen ist – etwa auch die Erkenntnis, in bestimmten Bereichen Schwierigkeiten und Ängste zu erleben, in anderen Bereichen jedoch sicher zu sein und in sich zu ruhen (vgl. Stadler-Altmann 2010).

Langfristiges Ziel ist zum einen die Verhinderung der Entstehung eines ängstlichen Selbstkonzepts, zum anderen die Stärkung derjenigen Kinder, die ein solches Selbstkonzept schon ausgebildet haben. Wenn, wie der Forschungstand zeigt, wesentliche Teilaspekte einer ängstlichen Persönlichkeit sehr verfestigt sind und mache möglicherweise auch genetisch-organisch vorgegeben, kann eine solche Stärkung auch bedeuten, nicht der Illusion aufzusitzen, alle Aspekte von Ängstlichkeit

„verschwinden machen“ zu wollen, wie es die verfügbaren Programme oft einzig anstreben, sondern das Kind auch so zu stärken, wie es ist: als ängstliches Kind, das mit dieser Eigenheit lebt und leben kann.

8.6.9 Kompetenzadäquate Werte aufbauen

Der Hinweis Krohnes (vgl. 1996; siehe Kap. 1.2), dass auch individuelle Werte Bedeutung für Ängstlichkeit und Angstproblematiken haben, wurde bereits mehrfach am Rande aufgegriffen; er soll abschließend direkt Thema sein: Das, was für eine Person besonders bedeutsam ist, kann bei erlebter Nichtbewältigung die größten Ängste und Befürchtungen auslösen. In der transaktionalen Stresstheorie von Lazarus (vgl. 3.2.2.2) werden ganz analog dominante Motive als Antezedenzien auf der Personseite für die Angstentstehung berücksichtigt. Solche Motive können auf Leistungen bezogen sein (die Beste sein wollen), aber auch auf soziales Handeln (mit allen gut auskommen, besonders beliebt sein).

Im Falle von problematischer Ängstlichkeit ist daher auch die kritische Überprüfung dominanter Werte bedeutungsvoll. Dies fällt durchaus in die Domäne individueller pädagogischer Arbeit, insbesondere in präventiver Hinsicht: Starke dominante Motive können als Risikofaktor für das Entstehen von Angstproblematiken gelten. Ein besonders deutliches Problem ist Perfektionismus, wie unter 3.1.6 als Persönlichkeitsaspekt angesprochen.

Wenn solche Motive erkannt wurden, können sie gemeinsam mit Kindern und Jugendlichen bearbeitet werden. Ziel müsste ein angemessenes Motivniveau bzw. ein entsprechendes Anspruchsniveau sein. Strittmatter (vgl. 1997) sieht dies in der dritten Komponente seines Programms in Form des Anstrebens einer Reduzierung der Motivationsstärke vor.

Dies kann auch auf Situationen übertragen werden, in denen der Abruf solcher Motive erfolgt und sie wirksam sind. So könnte gemeinsam mit Schülern die realistische Bedeutung von Prüfungssituationen reflektiert werden: Oft wird ihr Bedeutungsgehalt überschätzt, was unter Umständen zu erheblichen Prüfungsängsten führt. Ähnliches könnte für die subjektive Relevanz bestimmter Sozialkontakte gelten. Im Gespräch könnte daran gearbeitet werden, die Bedeutungszuschreibung auf einen realistischen Gehalt zu reduzieren.

Anhand solcher Beispiele wird allerdings auch deutlich, dass solchen Reduktionen und Anpassungen von subjektiven Wertigkeiten gewisse Grenzen gesetzt sind: Es kann an Bedeutungsüberschätzungen und überstarkem Anspruch gearbeitet werden, aber auf der anderen Seite *sind* bestimmte Anforderungen und Situationen schlicht sehr bedeutungsvoll. Es gibt Prüfungen, deren Ergebnisse erhebliche Folgen nach sich ziehen. Davor die Augen zu verschließen wird nicht hilfreich sein. Dann wären andere Ansatzpunkte der Angstbewältigung sinnvoll als die Modifikation der Wertungen.

8.7 Jenseits der Ängstlichkeit: Angststörungen

Bei massiven Angstproblematiken, die besonders stark, immer wieder sowie häufig übersituativ auftreten, kommen die Potenziale pädagogischer Arbeit möglicherweise, zumindest zunächst, an Grenzen. Es ist wichtig, nicht nur die eigenen pädagogischen Möglichkeiten, sondern auch die Grenzen rechtzeitig erkennen zu können. Ebenso bedeutsam ist es, dass ein Netzwerk verfügbar ist, welches in einem solchen Fall unterstützend, ergänzend oder ersetzend aktiviert werden kann: zum Zwecke einer differenzierten Fachdiagnostik, des Einsatzes bestimmter Programme, der Beratung, der Psychotherapie oder auch einer klinischen Behandlung. Für das Beispiel allgemeiner Schulen sind folgende die wesentlichen Unterstützungssysteme:

- Beratungsstellen, im vorschulischen Bereich auch Frühförderstellen
- Schulpsychologen
- Sonderpädagogische Förderzentren und integrativ tätige Sonderpädagogen
- Jugendämter und weitere Einrichtungen der Jugendhilfe
- niedergelassene Kinder- und Jugendpsychiater sowie Psychologische Psychotherapeuten
- Kliniken für Kinder- und Jugendpsychiatrie sowie Schulen für Kranke.

Zum einen könnten solche Störungen vorliegen, die sich durch problematische Lernprozesse ergeben haben, möglicherweise ergänzt durch kognitive Faktoren wie etwa ungünstige Attributionen und Bewertungen. Bezogen auf diese Lernprozesse müsste therapeutische Unterstützung erfolgen, um sie zu korrigieren. Zum anderen könnten massive Spannungen vorliegen, hinter denen innere Konflikte der Person stehen, wie sie etwa die Psychoanalyse beschreibt. Diese Konflikte müssten, beispielsweise durch eine Spieltherapie, aufgedeckt und, soweit ein Kind alt genug ist, ins Bewusstsein geführt werden. Es wären therapeutische Hilfen notwendig, um solche gravierenden Spannungen auflösen, Katharsis im psychoanalytischen Sinne zu ermöglichen oder energetische Blockaden im Verständnis der Gestalttherapie zu reduzieren.

Auch dann, wenn andere Einrichtungen und Professionen eingeschaltet werden, wenn etwa eine Psychotherapie oder ein Aufenthalt in der Kinder- und Jugendpsychiatrie erfolgt, verbleibt bei Kindern und Jugendlichen die Notwendigkeit einer ergänzenden pädagogischen Förderung. In aller Regel sind sie etwa weiter im Schulsystem. Therapeutische und pädagogische Förderung müssen gut verzahnt werden, denn diese Kinder leben und arbeiten mit ihren Störungen auch in pädagogischen Handlungsfeldern. Pädagogen müssten das Potenzial ihrer Handlungsmöglichkeiten, zu dem unter 8.1 bis 8.6 ein sicher nicht vollständiges Spektrum dargestellt wurde, nutzen, um erzieherische Hilfe für diese Kinder und Jugendlichen zu leisten – in solchen Fällen als indizierte Prävention und pädagogische Intervention im multiprofessionellen Verbund.

9

Ausblick

Pädagogische Förderung bei Ängsten, Ängstlichkeit und Angststörungen ist ein Feld, das über viele Jahre zu wenig beachtet wurde und in dem dringend Weiterentwicklungen anstehen. Abschließend soll, aus einem breiten Reigen der Notwendigkeiten, auf drei ausgewählte Aspekte hingewiesen werden:

- Gerade im Hinblick auf ängstliche Schüler ist die Gestaltung der Lernkultur von Bedeutung, geprägt von einer Atmosphäre der Ermutigung. Je nach Problemlage können darüber hinaus individualisierte Maßnahmen ergriffen werden, wie sie unter 8.6 vorgestellt wurden. Diese spezifischen Fördermaßnahmen bedürfen aber immer wieder auch der Zurücknahme, denn sie helfen Kindern und Jugendlichen nur so lange, wie sie sich im Feld dieser Maßnahmen bewegen. Letztlich ist das Ziel immer die „Hilfe zur Selbsthilfe". In Frage steht, wie solche Lern- und Lebenskulturen aussehen könnten, die sowohl Schonräume bieten als auch das Potenzial von deren Reduzierung.
- Dringend vonnöten wären mehr Konzepte, die sich auf jüngere Kinder richten und dabei auch auf den vorschulischen Bereich. Problem

in der Arbeit mit dieser Altersgruppe sind mögliche Grenzen des erforderlichen kognitiven Entwicklungsstandes, also der Reflexionsfähigkeit über Angst sowie auch des Sprachverständnisses und Sprachausdrucks (vgl. Blatter & Schneider 2007, 128).
- Nach wie vor liegt der Fokus der verfügbaren umschriebenen Programme sehr stark auf einer Arbeit mit den Kindern und Jugendlichen. Ein wichtiger Entwicklungsbereich besteht in der noch stärkeren Einbeziehung der Eltern. Diese werden zwar häufig hinzugezogen, aber stark ergänzend. Es fehlt noch an konsequenter systemisch orientierten Konzepten im Hinblick auf Ängstlichkeit und Angststörungen, welche wirklich die gesamte Familie und entsprechende Wirkungsprozesse in den Blick nehmen.

Am Rande sei abschließend festgestellt, dass in diesem Buch die Frage der „Förderung bei Ängstlichkeit und Angststörungen" so verstanden wurde, wie es zumeist geschieht: als Problem auf Seiten der Kinder und Jugendlichen. Es könnte jedoch auch die andere Seite in den Blick genommen werden: das Problem der Ängstlichkeit und der Ängste bei Pädagogen (vgl. etwa Weidenmann 1978; Brück 1981). Aber *dies* wäre das Thema eines anderen Buches …

Literatur

Achermann, N., Pecorari, C., Winkler Metzke, C. & Steinhausen, H.-C. (2006): Schulklima und Schulumwelt in ihrer Bedeutung für psychische Störungen bei Kindern und Jugendlichen – Einführung in die Thematik. In: Steinhausen, H.-C. (Hrsg.): Schule und psychische Störungen. Stuttgart, 15–37.

Adornetto, C. & Schneider, S. (2009): Diagnostik bei Angststörungen. In: Irblich, D. & Renner, G. (Hrsg.): Diagnostik in der Klinischen Kinderpsychologie. Göttingen. 259–267.

Ahrens-Eipper, S. & Nelius, K. (2009): Mutig werden mit Til Tiger. Ein Ratgeber für Eltern, Erzieher und Lehrer von schüchternen Kindern. Göttingen.

Antony, M.M., Orsillo, S.M. & Roemer, L. (2001): Practitioner's Guide to Empirically Based Measures of Anxiety. New York.

Asendorpf, J.B. (2002): Risikofaktoren in der Kindheit für Soziale Phobien im Erwachsenenalter. In: Stangier, U. & Fydrich, T. (Hrsg.): Soziale Phobie und Soziale Angststörungen. Psychologische Grundlagen, Diagnostik und Therapie. Göttingen. 246–263.

Aufenanger, S. (1996): Psychologie der Persönlichkeit. Berlin.

Axline, V.M. (1972): Spieltherapie im nicht-direktiven Verfahren. München.

Bach, J. (2004): Ängste im Jugendalter. Evaluation eines Programms zur Prävention von Angststörungen bei 10 bis 14-jährigen Schülern. Frankfurt a.M.

Balmer, K., Michael, T., Munsch, S. & Margraf, J. (2007): GO! Gesundheit und Optimismus. Prävention von Angst und Depression im Jugendalter. Evaluation eines schulbasierten Präventionsprogramms gegen Depression und Angst. In: Schweizerische Zeitschrift für Gesundheitspsychologie 15, 57–66.

Bandelow, B., Charimo Torrente, A., Wedekind, D., Broocks, A., Hajak, G. & Rüther, E. (2004): Early traumatic life events, parental rearing styles, family history of mental disorders, and birth risk factors in patients with social anxiety disorder. In: European Archives of Psychiatry and Clinical Neuroscience 254, 397–405.

Barrett, P.M., Lowry-Webster, H. & Turner, C. (2000a): FRIENDS for children: Group leader manual. Australian Academic Press: Brisbane.

Barrett, P.M., Lowry-Webster, H. & Turner, C. (2000b): FRIENDS for youth: Group leader manual. Australian Academic Press: Brisbane.

Barrett, P.M. & Turner, C. (2001): Prevention of anxiety symptoms in primary school children: Preliminary results from a universal school-based trial. In: British Journal of Clinical Psychology 40, 399–410.

Becker, B., Lohaus, A., Frebel, C. & Kiefert, U. (2002): Zur Erhebung von Ängsten bei fünf- bis sechsjährigen Vorschulkindern. In: Diagnostica 48, 90–99.

Beesdo, K. (2006): Wie entstehen Generalisierte Ängste? Eine prospektiv-longitudinale, klinisch-epidemiologische Studie bei Jugendlichen und jungen Erwachsenen. Dresden.

Bellak, L. & Bellak, S.S. (1955): Handanweisung für den Kinder-Apperzeptions-Test (The Children's Apperception Test, C.A.T.). Deutsche Übersetzung: Wolfgang Moog. Göttingen.

Birbaumer, N. (Hrsg.) (1973): Neuropsychologie der Angst. München.

Blatter, J.C. (2008): Zur Rolle familiärer Faktoren bei der emotionalen Störung mit Trennungsangst im Kindesalter. Basel: Universität. http://edoc.unibas.ch/774/1/DissB_8328.pdf. Abrufdatum 08.03.2011.

Blatter, J. & Schneider, S. (2007): Prävention von Angststörungen. In: Von Suchodoletz, W. (Hrsg.): Prävention von Entwicklungsstörungen. Göttingen. 115–131.

Brück, H. (1981): Das Kind vor dem Lehrer und das Kind im Lehrer. Psychoanalytische Aspekte von Lehrerängsten. In: Westermanns Pädagogische Beiträge (1), 8–13.

Caplan, G. (1964): Principles of preventive psychiatry. New York.

Cattell, R.B. (1973): Die empirische Forschung der Persönlichkeit. Weinheim.

Davison, G.C. & Neale, J.M. (2002[6]): Klinische Psychologie. Weinheim.

Dilling, H., Mombour, W. & Schmidt, M.H. (Hrsg.) (1993[2]): Internationale Klassifikation psychischer Störungen. ICD-10 Kapitel V (F). Klinisch-diagnostische Leitlinien. Bern.

Döpfner, M., Berner, W., Fleischmann, T. & Schmidt, M.H. (2001): Verhaltensbeurteilungsbogen für Vorschulkinder (VBV). Weinheim.

Döpfner, M., Berner, W. & Lehmkuhl, G. (1994a): Handbuch: Lehrerfragebogen über das Verhalten von Kindern und Jugendlichen. Forschungsergebnisse zur deutschen Fassung der Teacher's Report Form (TRF) der Child

Behavior Checklist. Köln: Arbeitsgruppe Kinder-, Jugend- und Familiendiagnostik.

Döpfner, M., Berner, W. & Lehmkuhl, G. (1994b): Handbuch: Fragebogen für Jugendliche. Forschungsergebnisse zur deutschen Fassung des Youth Self-Report (YSR) der Child Behavior Checklist. Köln: Arbeitsgruppe Kinder-, Jugend- und Familiendiagnostik.

Döpfner, M., Berner, W. & Lehmkuhl, G. (1995): Reliabilität und faktorielle Validität des Youth Self Report der Child Behavior Checklist bei einer klinischen Stichprobe. In: Diagnostica 41 (3), 221–244.

Döpfner, M., Berner, W. & Lehmkuhl, G. (1997): Verhaltensauffälligkeiten von Schülern im Urteil der Lehrer – Reliabilität und faktorielle Validität der Teacher's Report Form der Child Behavior Checklist. In: Zeitschrift für Differentielle und Diagnostische Psychologie 18 (4), 199–214.

Döpfner, M., Berner, W., Flechtner, H., Lehmkuhl, G. & Steinhausen, H.C. (1999): Psychopathologisches Befund-System für Kinder und Jugendliche (CASCAP_D). Göttingen.

Döpfner, M., Görtz-Dorten, A. & Lehmkuhl, G. (2008): DISYPS-II. Diagnostik-System für psychische Störungen nach ICD-10 und DSM-IV für Kinder und Jugendliche – II. Bern.

Döpfner, M. & Lehmkuhl, G. (2000²): DISYPS-KJ. Diagnostisches System für Psychische Störungen im Kindes- und Jugendalter nach ICD-10 und DSM-IV. Göttingen.

Döpfner, M., Schmeck, K., Berner, W., Lehmkuhl, G. & Poustka, F. (1994): Zur Reliabilität und faktoriellen Validität der Child Behavior Checklist – eine Analyse in einer klinischen und einer Feldstichprobe. In: Zeitschrift für Kinder- und Jugendpsychiatrie 22, 189–205.

Dreitzel, H.P. (1998): Emotionales Gewahrsein. Psychologische und gesellschaftliche Perspektiven in der Gestalttherapie. München.

Dornes, M. (1993): Der kompetente Säugling. Die präverbale Entwicklung des Menschen. Frankfurt a.M.

Dornes, M. (1997): Die frühe Kindheit. Entwicklungspsychologie der ersten Lebensjahre. Frankfurt a.M.

Dubi, K. & Schneider, S. (2009): The Picture Anxiety Test (PAT): A new pictorial assessment of anxiety symptoms in young children. In: Journal of Anxiety Disorders 23, 1148–1157.

Ehr, D. (2011): Schulangst – Möglichkeiten der Prävention auf der Grundlage ausgewählter Erklärungsansätze. Unveröff. Zulassungsarbeit. Würzburg: Universität.

Essau, C. A. (2003): Angst bei Kindern und Jugendlichen. München.

Essau, C. A. & Conradt, J. (2003a): FREUNDE für Kinder: Gruppenleitermanual – Trainings-Programm zur Prävention von Angst und Depression. München.

Essau, C. A. & Conradt, J. (2003b): FREUNDE für Kinder. Arbeitsbuch für Kinder. München.

Essau, C. A., Conradt, J. & Ederer, E. M. (2004): Angstprävention bei Schulkindern. In: Versicherungsmedizin 56 (3), 123–130.

Essau, C. A., Conradt, J. & Petermann, F. (1999): Frequency and comorbidity of social phobia and social fears in adolescents. In: Behavior Research and Therapy 37, 831–843.

Federer, M., Stüber, S., Margraf, J., Schneider, S. & Herrle, J. (2001): Selbst- und Fremdeinschätzung der Kinderängstlichkeit. In: Zeitschrift für Differentielle und Diagnostische Psychologie 22, 194–205.

Federer, M., Schneider, S., Margraf, J. & Herrle, J. (2000): Angstsensitivität und Angststörungen bei Achtjährigen. In: Kindheit und Entwicklung 9 (4), 241–250.

Fiedler, P. (2001[5]): Persönlichkeitsstörungen. Weinheim.

Flakierska-Praguin, N., Lindström, M. & Gillberg, L. (1997): School phobia with separation anxiety disorders: A comparative 20- to 29-year-follow-up study of 35 school refusers. In: Comprehensive Psychiatry 38, 17–22.

Fröhlich, W. D. (1994[20]): dtv-Wörterbuch zur Psychologie. München.

Gartner, F. & Jirasko, M. (1999): „Ehrgeizige Eltern“ und schlechte Schulleistungen. In: Report Psychologie 24 (4), 272–279.

Goetze, H. (1993[2]): Spieltherapie bei Kindern mit Verhaltensstörungen. In: Goetze, H. & Neukäter, H. (Hrsg.): Pädagogik bei Verhaltensstörungen. Handbuch der Sonderpädagogik Bd. 6. Berlin. 871–883.

Goetze, H. (2008): Spieltherapie. In: Gasteiger-Klicpera, B., Julius, H. & Klicpera, C. (Hrsg.): Sonderpädagogik der sozialen und emotionalen Entwicklung. Göttingen. 524–541.

Goetze, H. (2010): Schülerverhalten ändern – bewährte Methoden der schulischen Erziehungshilfe. Stuttgart.

Greco, L. A. & Morris, T. L. (2001): Treating Childhood Shyness and Related Behavior: Empirically Evaluated Approaches to Promote Positive Social Interactions. In: Clinical Child and Family Psychology Review 4, 299–318.

Gruber, H. & Ledl, V. (1992): Allgemeine Sonderpädagogik. Wien.

Hackfort, D. & Schwenkmezger, P. (1985): Angst und Angstkontrolle im Sport: Sportrelevante Ansätze und Ergebnisse theoretischer und empirischer Angstforschung. Köln.

Hampel, P. & Petermann, F. (2005): SPS-J. Screening psychischer Störungen im Jugendalter. Deutschsprachige Adaptation des Reynolds Adolescent Adjustment Screening Inventory (RAASI) von William M. Reynolds. Bern.

Hartmann, B., Mutzeck, W. & Fingerle, M. (2003): Die Prävalenz von Verhaltensauffälligkeiten. Ergebnisse einer Studie an Grundschulen. In: Sonderpädagogik 33 (4), 191–197.

Heckhausen, H. (1989²): Motivation und Handeln. Berlin.

Heidenreich, T., Ströhle, G. & Michalak, J. (2006): Achtsamkeit: Konzeptuelle Aspekte und Ergebnisse zum Freiburger Achtsamkeitsfragebogen. In: Verhaltenstherapie 16, 33–40.

Heiliger, A. (1972): Angst. Ursachen und Folgen kindlicher Ängste. Stuttgart.

Helbig, S. & Petermann, F. (2008): Entwicklungspsychopathologie Sozialer Angststörungen. In: Zeitschrift für Psychiatrie, Psychologie und Psychotherapie 56 (3), 211–227.

Hurrelmann, K., Andresen, S. & TNS Infratest Sozialforschung (2010): Kinder in Deutschland 2010. 2. Word Vision Kinderstudie. Frankfurt a. M.

Husslein, E. (1978): Der Schulangst-Test (SAT). Göttingen.

Hülshoff, T. (1999): Emotionen. München.

Ihle, W. & Esser, G. (2002): Epidemiologie psychischer Störungen im Kindes- und Jugendalter: Prävalenz, Verlauf, Komorbidität und Geschlechtsunterschiede. In: Psychologische Rundschau 53 (4), 159–169.

In-Albon, T. (2011): Kinder und Jugendliche mit Angststörungen. Stuttgart.

In-Albon, T. & Schneider, S. (2007): Psychotherapy of childhood anxiety disorders: A metaanalysis. In: Psychotherapy & Psychosomatics 76, 15–24.

In-Albon, T. & Schneider, S. (2011): Trennungsangst Inventar-Kind/Elternversion (TAI-K/E). [Separation Anxiety Inventory-Child/Parent version (SAI-(C/P)]. In: Barkmann, C., Schulte-Markwort, M. & Brähler, E. (Hrsg.): Klinisch-psychiatrische Ratingskalen für das Kindes- und Jugendalter. Göttingen. 458–461.

Institute of Medicine (1994): Reducing risks of mental disorders: Frontiers for preventive intervention research. Washington D. C.

Jacobson, E. (2006[6]): Entspannung als Therapie. Progressive Relaxation in Theorie und Praxis. Stuttgart.

Jeck, S. (2003): Mehrdimensionale Beratung und Intervention bei Angstproblemen in der Schule. In: Praxis der Kinderpsychologie und Kinderpsychiatrie 52 (6), 387–408.

Joormann, J. & Unnewehr, S. (2002): Behandlung der Sozialen Phobie. Göttingen.

Junge, J., Neumer, S.-P., Manz, R. & Margraf, J. (2002): Angst und Depression im Jugendalter vorbeugen. GO! – Ein Programm für Gesundheit und Optimismus. Weinheim.

Kendall, P. C. (2000): Cognitive-Behavioral Therapy for Anxious Children: Therapist Manual. Ardmore, P. A.

Kendall, P. C. & Hedtke, K. A. (2006[3]): Cognitive-Behavioral Therapy for Anxious Children: Therapist Manual. Ardmore, P. A.

Kierkegaard, S. (1996[2]; Original 1844): Der Begriff Angst. Hamburg.

Klasen, H., Woerner, W., Rothenberger, A. & Goodman, R. (2003): Die deutsche Fassung des Strength and Difficulties Questionnaire (SDQ-Deu) – Übersicht und Bewertung erster Validierungs- und Normierungsbefunde. In: Praxis der Kinderpsychologie und Kinderpsychiatrie 52, 491–502.

Klitzing, K. von (2007): Affektive Störungen im Kindes- und Jugendalter. In: Kinderanalyse 15 (4), 287–304.

Kobi, E. E. (1993[5]): Grundfragen der Heilpädagogik. Eine Einführung in heilpädagogisches Denken. Bern.

Kornmann, R. (1996): Demütigungen und Lernbehinderungen durch Mathematikunterricht. In: Stein, R. & Brilling, O. (Hrsg.): Ökologische Perspektiven für pädagogische Handlungsfelder. Pfaffenweiler, 199–206.

Krohne, H. W. (1975): Angst und Angstverarbeitung. Stuttgart.

Krohne, H. W. (1996): Angst und Angstbewältigung. Stuttgart.

Krohne, H. W. (2010): Psychologie der Angst. Stuttgart.

Lafreniere, P. & Capuano, F. (1997): Preventive intervention as means of clarifying direction of effects in socialisation: Anxious-withdrawn preschoolers case. In: Development and Psychopathology 9, 551–564.

Lamnek, S. (1996[6]): Theorien abweichenden Verhaltens. München.

Lang, H. & Faller, H. (1996): Einleitung: Angst – ein paradoxes Phänomen. In: Lang, H. & Faller, H. (Hrsg.): Das Phänomen Angst. Pathologie, Genese und Therapie. Frankfurt a. M., 7–17.

Lazarus-Mainka, G. (1976): Psychologische Aspekte der Angst. Stuttgart.

Lazarus-Mainka, G. & Siebeneick, S. (1997): Ängstlichkeit als Selbstkonzept. Göttingen.

Lazarus-Mainka, G. & Siebeneick, S. (2000): Angst und Ängstlichkeit. Göttingen.

Levitt, Eugene E. (1979⁴): Die Psychologie der Angst. Stuttgart.

Lieb, R., Schreier, A. & Müller, N. (2003): Epidemiologie von Angststörungen. In: Psychotherapie 8 (1), 86–102.

Lowry-Webster, H. M., Barrett, P. M. & Dadds, M. R. (2001): A universal prevention trial of anxiety and depressive symptomatology in childhood: Preliminary data from an Australian Study. Behavior Change 18, 26–50.

Luget-Tappeser, H. & Kriependorf, P. (1992): Das standardisierte Interview zur Erfassung der Ängstlichkeit im Kindesalter (Bericht Nr. 107 des Fachbereichs Psychologie). Marburg.

Lugt, H., Kriependorf, P. & Zulauf Logoz, M. (2002): Angststörungen und Depression. In: Braun-Scharm, H. (Hrsg.): Depressionen und komorbide Störungen bei Kindern und Jugendlichen. 103–124.

Mackowiak, K. (2007): Diagnostik von Ängsten. In: Linderkamp, F. & Grünke, M. (Hrsg.): Lern- und Verhaltensstörungen. Genese – Diagnostik – Intervention. Weinheim. 109–120.

Mann, T. (1989): Buddenbrooks. Frankfurt a.M.

Manz, R., Junge, J. & Margraf, J. (2001): Prävention von Angst und Depression bei Jugendlichen. Ergebnisse einer Follow-Up-Untersuchung nach 6 Monaten. In: Zeitschrift für Gesundheitspsychologie 9 (4), 168–179.

Mayring, P. (1992): Klassifikation und Beschreibung einzelner Emotionen. In: Ulich, D. & Mayring, P.: Psychologie der Emotionen. Stuttgart. 131–181.

Meichenbaum, D. H. (1975): Self-instruction methods. In: Kanfer, F. K. & Goldstein, A. P. (Eds.): Helping people change. Elmsford, NY. 357–391.

Melfsen, S. (2002): Soziale Phobie bei Kindern und Jugendlichen. In: Stangier, U. & Fydrich, T. (Hrsg.): Soziale Phobie und Soziale Angststörungen. Psychologische Grundlagen, Diagnostik und Therapie. Göttingen. 264–290.

Melfsen, S., Florin, I. & Warnke, A. (2001): SPAIK. Sozialphobie und -angstinventar für Kinder. Göttingen.

Merikangas, K.R., Lieb, R., Wittchen, H.-U. & Avenevoli, S. (2003): Family and high-risk studies of social anxiety disorder. In: Acta Psychiatra Scandinavica 108 (Suppl. 417), 28–37.

Mitte, K., Heidenreich, T. & Stangier, U. (2007): Diagnostik bei sozialen Phobien. Göttingen.

Morschitzky, H. (2009[4]): Angststörungen. Diagnostik, Konzepte, Therapie, Selbsthilfe. Wien.

Munoz, R.F., Mrazek, P.J. & Haggerty, R.J. (1996): Institute of Medicine Report on Prevention of Mental Disorders. In: American Psychologist 51, 1116–1122.

Muth-Seidel, D. & Seidel, D. (2006): Cool mit Nic Panda – Training für Kinder mit Schul- und Prüfungsangst. Dortmund.

Nevermann, C. (2008): Angst. In: Gasteiger-Klicpera, B., Julius, H. & Klicpera, C. (Hrsg.): Sonderpädagogik der sozialen und emotionalen Entwicklung. Göttingen. 258–275.

Nickel, H. (1979[3]): Entwicklungspsychologie des Kindes- und Jugendalters. Bern.

Nickel, H. & Schmidt-Denter, U. (1995[5]): Vom Kleinkind zum Schulkind. München.

Oaklander, V. (1981): Gestalttherapie mit Kindern und Jugendlichen. Stuttgart.

Oerter, R. (2002[5]): Kindheit. In: Oerter, R. & Montada, L. (Hrsg.): Entwicklungspsychologie. Weinheim. 209–257.

Oerter, R. & Dreher, E. (2002[5]): Jugendalter. In: Oerter, R. & Montada, L. (Hrsg.): Entwicklungspsychologie. Weinheim. 258–318.

Perls, F.S., Hefferline, R.F. & Goodman, P. (1991): Gestalttherapie. Praxis. München.

Perrez, M. (Hrsg.) (2004): Verhaltenstherapie mit Kindern – zwölf Merkblätter für Eltern. Bern.

Petermann, F., Kusch, M. & Niebank, K. (1998): Entwicklungspsychopathologie. Weinheim.

Petermann, U. (1983): Training mit sozial unsicheren Kindern. München.

Petermann, U. (2008): Entspannungsverfahren. In: Gasteiger-Klicpera, B., Julius, H. & Klicpera, C. (Hrsg.): Sonderpädagogik der sozialen und emotionalen Entwicklung. Handbuch der Sonderpädagogik, Bd. 3. Göttingen. 585–594.

Petermann, U. & Petermann, F. (2010[10]): Training mit sozial unsicheren Kindern. Weinheim.

Petermann, U. & Petermann, F. (2008): Sozial unsichere Kinder. In: Gasteiger-Klicpera, B., Julius, H. & Klicpera, C. (Hrsg.): Sonderpädagogik der sozialen und emotionalen Entwicklung. Göttingen. 234–242.

Preisig, M. (2002): Depression und Angst: Dimensionale Sicht der heutigen Klassifikationsschemata. In: Boeker, H. & Hell, D. (Hrsg.): Therapie der affektiven Störungen. Psychosoziale und neurobiologische Perspektiven. Stuttgart. 55–65.

Rauh, H. (2002[5]): Vorgeburtliche Entwicklung und Frühe Kindheit. In: Oerter, R. & Montada, L. (Hrsg.): Entwicklungspsychologie. Weinheim. 131–208.

Reiss, S. & McNally, R. J. (1985): Expectancy model of fear. In: Reiss, S. & Bootzin, R.R. (Eds.): Theoretical issues in Behavior Therapy. New York. 107–121.

Remschmidt, H. (2000[3]): Angstsyndrome und emotionale Störungen. In: Remschmidt, H. (Hrsg.): Kinder- und Jugendpsychiatrie. Stuttgart. 207–221.

Roebers, C. M., Mecheril, A. & Schneider, W. (1998): Migrantenkinder in deutschen Schulen. Eine Studie zur Persönlichkeitsentwicklung. In: Zeitschrift für Pädagogik 44 (5), 723–736.

Rogers, C. R. (1973): Die klientbezogene Gesprächstherapie. München.

Rogers, C. R. (1974): Lernen in Freiheit. München.

Rost, D. H. & Schermer, F. (1997): Differentielles Leistungsangst-Inventar (DAI). Frankfurt a. M.

Rost, D. H. & Schermer, F. (2010[4]): Leistungsängstlichkeit. In: Rost, D. H. (Hrsg.): Handwörterbuch Pädagogische Psychologie. Weinheim. 451–465.

Runge, A. J., Beesdo, K., Lieb, R. & Wittchen, H.-U. (2008): Wie häufig nehmen Jugendliche und junge Erwachsene mit Angststörungen eine psychotherapeutische Behandlung in Anspruch? In: Verhaltenstherapie 18, 26–34.

Satow, L. (1999): Klassenklima und Selbstwirksamkeitsentwicklung. Eine Längsschnittstudie in der Sekundarstufe I. Dissertation. Berlin.

Satow, L. & Schwarzer, R. (2003): Entwicklung schulischer und sozialer Selbstwirksamkeitserwartung: Eine Analyse individueller Wachstumskurven. In: Psychologie in Erziehung und Unterricht – Zeitschrift für Forschung und Praxis 2, 168–181.

Scheidt, C. E. & Waller, E. (2005): Angststörungen und Bindungsforschung. In: Psychotherapie im Dialog 6 (4), 362–369.

Schellhas, B. & Teo, T. (1996): Kognitive Entwicklung unter dem Risikofaktor Ängstlichkeit: Befunde einer longitudinalen Studie. In: Ettrich, U. (Hrsg.): Lebenslange Entwicklung in sich wandelnden Zeiten. Landau. 158–164.

Schenk-Danzinger, L. (1991²): Entwicklung – Sozialisation – Erziehung. Von der Geburt bis zur Schulfähigkeit. Wien: Österreichischer Bundesverlag.

Schmidt, J. (2011): Ängstlichkeit und Angststörungen bei Kindern und Jugendlichen – Psychologische Intervention und pädagogische Förderung. Unveröff. Diplomarbeit. Würzburg.

Schmidtchen, S. (1989): Kinderpsychotherapie. Stuttgart.

Schmidt-Traub, S. (2003): Kognitive Verhaltenstherapie bei Panik und Agoraphobie im Jugend- und Erwachsenenalter. In: Psychotherapie 8 (1), 114–131.

Schneider, S. (2003): Angststörungen bei Kindern und Jugendlichen. In: Beck, N., Warnke, A., Adams, G. & Patzelt, H. (Hrsg.): Angst, Depression und Verweigerung in Familie und Schule. Würzburg. 33–53.

Schneider, S. (2005): Angststörungen. In: Schlottke, P.F., Silbereisen, R.K, Schneider, S. & Lauth, G.W. (Hrsg.): Störungen im Kindes- und Jugendalter – Grundlagen und Störungen im Entwicklungsverlauf. Göttingen. 837–887.

Schneider, S. (2007): Therapie bei Angststörungen. In: Linderkamp, F. & Grünke, M. (Hrsg.): Lern- und Verhaltensstörungen. Genese – Diagnostik – Intervention. Weinheim. 261–273.

Schneider, S. & Borer, S. (2002¹; 2007²): Nur keine Panik! Was Kinder über Angst wissen sollten. 1. Aufl.: Zürich. 2. Aufl.: Basel.

Schneider, S. & Borer, S. (2003): Primäre Prävention von Angststörungen: Evaluation einer Broschüre für Kinder und Jugendliche. In: Kindheit und Entwicklung 12 (2), 111–118.

Schneider, S., Unnewehr, S. & Margraf, J. (2009²): Diagnostisches Interview psychischer Störungen im Kindes- und Jugendalter (Kinder-DIPS). Berlin.

Schwarzer, R. (1987): Streß, Angst und Hilflosigkeit: Die Bedeutung von Kognitionen und Emotionen bei der Regulation von Belastungssituationen. Stuttgart.

Schwarzer, R (1993³): Streß, Angst und Handlungsregulation. Stuttgart.

Seitz, W. & Rausche, A. (2004⁴): Persönlichkeitsfragebogen für Kinder zwischen 9 und 14 Jahren (PFK 9–14). Göttingen.

Seligman, M.E.P. (1995⁵): Erlernte Hilflosigkeit. Weinheim.

Selye, H. (1977): Stress. Reinbek.

Shortt, A.L., Barrett, P.M. & Fox, T.L. (2001): Evaluating the FRIENDS Program: A cognitive behavioural treatment of anxious children and their parents. In: Journal of Clinical Child Psychology 30 (4), 525–535.

Somersalo, H. (2002): School environment and children's mental well-being. Academic dissertation, University of Helsinki. http:www.ethesis.helsinki.fi, Abruf 31.07.2009.

Sorgatz, H. (1986): Theorien zur Erklärung gestörten Verhaltens. In: Deutsche Gesellschaft für Verhaltenstherapie (Hrsg.): Verhaltenstherapie – Theorien und Methoden. Tübingen. 179–206.

Spangler, G. & Zimmermann, P. (1999): Bindung und Anpassung im Lebenslauf: Erklärungsansätze und empirische Grundlagen für Entwicklungsprognosen. In: Oerter, R., von Hagen, C., Röper, G. & Noam, G. (Hrsg.): Klinische Entwicklungspsychologie. Weinheim. 170–194.

Spiel, C. & Sirsch, U. (2002): Denk- und Gefühlswelt des Schulkindes – kognitive Fähigkeiten, Selbstkonzept und Angst. In: Zapotoczky, H.G. & Fischhof, P.K. (Hrsg.): Psychiatrie der Lebensabschnitte. Wien. 27–53.

Stadler-Altmann, U. (2010): Das Schüler-Selbstkonzept. Eine empirische Annäherung. Bad Heilbrunn.

Stein, R. (2005): Einführung in die pädagogische Gestaltarbeit. Baltmannsweiler.

Stein, R. (2011²): Grundwissen Verhaltensstörungen. Baltmannsweiler.

Steinhausen, H.-C. (2006⁶a): Psychische Störungen bei Kindern und Jugendlichen. München.

Steinhausen, H.-C. (Hrsg.) (2006b): Schule und psychische Störungen. Stuttgart.

Stöber, J. & Schwarzer, R. (2000): Angst. In: Otto, J., Euler, H.A. & Mandl, H. (Hrsg.). Emotionspsychologie. Ein Handbuch. Weinheim. 189–198.

Strian, F. (1996²): Angst und Angstkrankheiten. München.

Strittmatter, P. (1997²): Schulangstreduktion. Abbau von Angst in schulischen Leistungssituationen. Neuwied.

Suchodoletz, W. von (2007): Prävention von Entwicklungsstörungen. Göttingen.

Suhr-Dachs, L. & Döpfner, M. (2005): Leistungsängste. Therapieprogramm für Kinder und Jugendliche mit Angst- und Zwangsstörungen (THAZ). Band 1. Göttingen.

Thurner, F. & Tewes, U. (2000): Kinder-Angst-Test-II (KAT-II). Drei Fragebogen zur Erfassung der Ängstlichkeit und von Zustandsängsten bei Kindern ab 9 Jahren. Göttingen.

Trudewind, C., Geppert, U. & Börner, H. (1979): Selbständigkeitserziehung durch Lehrer: Beziehungen zur Leistungsmotivation und Ängstlichkeit ihrer Schüler. In: Zeitschrift für empirische Pädagogik 3 (3), 235–251.

Tücke, M. (2005[4]): Psychologie in der Schule – Psychologie für die Schule – eine themenzentrierte Einführung in die Pädagogische Psychologie für (zukünftige) Lehrer. Münster.

Tuschen-Caffier, B., Kühl, S. & Bender, C. (2009): Soziale Ängste und soziale Angststörung im Kindes- und Jugendalter. Ein Therapiemanual. Göttingen.

Vernooij, M. A. (2001[3]): Das ängstliche Kind oder: Zwei ganz verschiedene Fälle. In: Winkel, R. (Hrsg.): Schwierige Kinder – Problematische Schüler. Baltmannsweiler. 126–151.

Walter, H. (1981[2]): Angst bei Schülern. München.

Weidenmann, B. (1978): Lehrerangst. Ein Versuch, Emotionen aus der Tätigkeit zu begreifen. München.

Wieczerkowski, W., Nickel, H., Janowski, A., Fittkau, B. & Rauer, W. (2000): Angstfragebogen für Schüler (AFS). Göttingen.

Wilkening, F. & Krist, H. (2002[5]): Entwicklung der Wahrnehmung und Psychomotorik. In: Oerter, R. & Montada, L. (Hrsg.): Entwicklungspsychologie. Weinheim. 395–417.

Winkler, U. (1998): Entspannungssequenzen im Unterricht. Bad Heilbrunn.

Winkler Metzke, C. & Steinhausen, H.-C. (2001): Merkmale der Schulumwelt und psychische Befindlichkeit. In: Zeitschrift für Entwicklungspsychologie und Pädagogische Psychologie 33 (1), 30–41.

Wolff-Menzler, C., Seidler-Brandler, U. & Bandelow, B. (2003): Psychopharmakotherapie bei Angststörungen. In: Verhaltenstherapie und psychosoziale Praxis 35 (3), 487–497.

Wollmann, B. (1979): Die Ängste des Kindes. Frankfurt a. M.

Zimbardo, P. G. (1995[6]): Psychologie. Berlin.

Internetseiten:

http://www.taff.unibas.ch (Abruf 10. 03. 2011)
http://www.til-tiger-training.de (Abruf 05. 04. 2012)